**AI 시대,
어린이를 위한 질문의 힘과 AI 리터러시**

초판 1쇄 발행 2023년 12월 20일
초판 3쇄 발행 2024년 12월 10일

지은이 정유리
펴낸이 이지은 **펴낸곳** 팜파스
기획편집 박선희
디자인 조성미
마케팅 김서희, 김민경
인쇄 케이피알커뮤니케이션

출판등록 2002년 12월 30일 제 10-2536호
주소 서울특별시 마포구 어울마당로5길 18 팜파스빌딩 2층
대표전화 02-335-3681 **팩스** 02-335-3743
홈페이지 www.pampasbook.com | blog.naver.com/pampasbook
이메일 pampasbook@naver.com

값 13,000원
ISBN 979-11-7026-614-3 (73500)

ⓒ 2023, 정유리

· 이 책의 일부 내용을 인용하거나 발췌하려면 반드시 저작권자의 동의를 얻어야 합니다.
· 잘못된 책은 바꿔 드립니다.

　'인공지능'이란 말은 더 이상 우리에게 낯선 단어가 아니야. 말 한마디만 하면 날씨를 알려 주는 인공지능 스피커, 알아서 집을 청소해 주는 인공지능 로봇 청소기, 우리가 좋아하는 영상을 알아서 추천해 주는 인공지능 알고리즘까지! 인공지능은 이미 우리의 삶에 깊숙이 들어와 있어.

　인공지능이란 스스로 분석하고 판단하는 능력을 지닌 컴퓨터 프로그램이야. 영어로는 AI(Artificial Intelligence)라고 하지. 인공지능이란 말은 1956년 세상에 처음 등장해 2016년 인공지능 바둑 프로그램 '알파고'를 통해 널리 알려졌어. AI 프로그램인 알파고가 세계적인 바둑 챔피언, 이세돌 9단에게 승리를 거두자 전 세계가 깜짝 놀랐거든. 그리고 2022년 또 다른 인공지능이 나와 세상이 또 한 번 들썩였어. 바로 생성형 AI, 챗GPT가 등장한 거야.

챗GPT는 독후감 쓰기부터 번역, 기사 작성, 이야기 창작, 심지어 컴퓨터 프로그래밍까지 할 수 있어. 지금까지 본 AI와는 다른, 이 엄청난 AI의 능력에 사람들은 매우 열광했지. 하지만 한편으로는 큰 두려움을 느끼기도 했어.

"빠르게 발전하는 인공지능을 인간이 더 이상 통제할 수 없게 되면 어떡하지?"

게다가 생성형 AI가 일으킨 문제점이 하나둘 드러나면서 사람들은 두려움이 현실이 되었다고 생각했어. 하지만 이런 생각은 지금 처음 하게 된 게 아니야. 사실 산업 혁명을 통해 기계가 발명되었을 때도, 마차를 대신할 자동차가 등장했을 때도 사람들은 지금과 비슷한 반응을 보였어. 어쩌면 두려움이라는 감정은 인간의 삶을 바꿀 혁신적인 기술이 등장할 때마다 찾아오는 자연스러운 현상일지도 몰라. 사람들이 그토록 두려워하던 기계도, 자동차도 지금은 사람들과 공존해 잘 쓰이고 있듯 생성형 AI도 앞으로 그렇게 될 거야.

생성형 AI 기술 경쟁은 그 어느 때보다도 치열해. 구글·메타·마이크로소프트 등 세계적인 IT 기업들이 치열한 경쟁을 하며 새로운 AI 기술을 빠르게 선보이고 있어. 지금 이 순간에도 새로운 AI 기술은 폭포수처럼 쏟아지고 있지. 우리가 모르는 사이, 우리는 이미 AI 시대에와 있는 거야.

　이제부터 우리는 AI가 무엇인지, 왜 AI에 대해 잘 알아야 하는지 함께 탐구해 볼 거야. 이것을 통해 AI 시대를 살아갈 우리에게 꼭 필요한 능력이 무엇인지, AI와 함께 슬기롭게 공존하는 방법이 무엇인지 알아보려 해. 그럼 함께 출발해 볼까?

정유리

 차례

어린이 친구들에게 : **5** :

이야기 하나 | 궁금할 때마다 알려 주는 똑똑한 친구가 생겼어! | 10

 새롭게 등장한 인공지능? 생성형 AI란 무엇일까?

인공지능(AI)이란 무엇일까? : **26** : 최초의 인공지능은 무엇이었을까? : **28** : 인공지능에도 약한 게 있고 강한 게 있다고? : **32** : 사람들을 열광하게 만든 생성형 AI의 등장 : **33** : 생성형 AI란 무엇일까? : **36** : 생성형 AI의 원리가 뭐야? : **38** :

이야기 둘 | AI가 무서워! | 42

 생성형 AI는 인간과 어떻게 일할까?

AI는 인간의 삶에 어떤 변화를 가져왔을까? : **56** : AI는 일터를 어떻게 변화시킬까? : **58** : AI의 발전으로 사라지는 직업이 있다고? : **62** : AI로 인해 새로 생기는 직업은 무엇일까? : **64** : 생성형 AI 시대, 질문하는 능력이 중요해진다고? : **67** : 생성형 AI에게 어떻게 질문해야 할까? : **69** :

 **거짓말쟁이 AI** 72

 생성형 AI가 거짓말을 한다고?

AI도 오류를 범한다고? : **84** : 할루시네이션은 왜 일어나는 걸까? : **86** : 가짜 뉴스의 선봉장이 된 AI : **88** : AI가 차별을 한다고? : **91** : AI의 편향성은 어떤 문제를 일으킬까? : **92** : 앞으로 'AI 리터러시'가 중요해진다고? : **95** :

 **아무거나 상담소로 오세요!** 100

 AI 시대를 살아갈 우리는 무엇을 준비해야 할까?

AI의 개발에 대한 논란은 지금도 진행 중이야 : **114** : 생성형 AI가 앞으로 해결해야 할 문제들은 무엇일까? : **116** : AI가 지닌 문제를 보완하기 위한 노력들 : **123** : 미래에는 어떤 능력이 중요해질까? : **124** : AI 시대를 살아갈 우리는 어떤 마음가짐을 지녀야 할까? : **128** :

궁금할 때마다 알려 주는
똑똑한 친구가 생겼어!

"어? 저기 소이랑 지민이다. 오늘도 같이 집에 가나 보네!"

"둘이 대체 언제 저렇게 친해진 거지?"

사이좋게 길을 가는 소이와 지민이를 보며 친구들은 쑥덕였어. 두 사람이 어떻게 친해진 건지 친구들이 궁금해하는 것도 당연해. 소이와 지민이는 반도 다른 데다 성격까지 매우 달랐거든.

쾌활하고 발이 넓은 소이와 달리 지민이는 차분하고 조용한 성격이야. 둘은 좋아하는 과목도, 심지어 입맛도 매우 달라. 소이는 신나게 뛰어 노는 체육 시간을 좋아하는데, 지민이는 과학 시간을 제일 좋아해. 치약 맛이 난다며 소이가 질색하는 민트초코 맛 아이스크림은 지민이가 제일 좋아하는 '최애 아이스크림'이야.

이렇게 달라도 너무 다른 두 사람은 최근 둘도 없는 단짝이 되었어. 등교를 할 때도, 하교를 할 때도 늘 함께지. 심지어 쉬는 시간에 화장실도 같이 갔어. 희한하리만치 둘이 부쩍 가까워지자 친구들 사이에서는 여러 가지 추측이 난무했어.

"소이가 지민이한테 먼저 친해지자고 편지를 줬다던데?"

"아니야. 내가 듣기로는 지민이가 소이네 동네로 이사를 가서 친해진 거래!"

하지만 그 누구도 소이와 지민이가 어떻게 친해졌는지 정확히 알지 못했어. 사실 두 사람이 단짝이 된 건 매우 우연한 계기 때문이었어.

이야기는 지금으로부터 한 달 전으로 거슬러 올라가.

"아저씨, 여기 가드몬 스티커 있어요?"

"가드몬은 없는데? 그건 잘 안 팔려서 안 가져다 놓거든."

문방구 아저씨의 말에 소이는 크게 실망했어. 문방구에 들른 보람도 없이 빈손으로 돌아가야 했어. '가드몬'은 소이가 가장 좋아하는 애니메이션이야. 하지만 인기가 없어서 가드몬을 좋아하는 친구는 아무도 없었어. 그래서 가드몬에 대해 얘기할 사람도 없었지.

"가드몬을 좋아하는 친구가 있으면 정말 좋을 텐데……."

어느 날, 소이는 집에서 멀리 떨어진 문방구에 가드몬 스티커가 있다는 소식을 들었어. 수업이 끝나자마자 곧장 그 문방구로 달려갔어. 그런데 아무리 찾아도 가드몬 스티커가 보이지 않는 거야.

"그새 누가 가져가 버렸나 봐."

잔뜩 실망해 돌아서려던 그때, 문방구 구석에 딱 한 장 남은 가드몬 스티커를 발견했어. 소이는 재빨리 스티커를 향해 손을 뻗었지. 그런데 소이보다 먼저 스티커를 잡은 사람이 있었어.

"어?"

소이는 깜짝 놀랐어. 스티커를 집은 사람은 복도에서 몇 번 마주쳤던 옆 반 지민이었어.

"너 2반 윤소이 맞지? 너도 가드몬 좋아해?"

지민이가 묻자 소이는 반갑게 고개를 끄덕였어.

그날, 둘은 마지막 남은 가드몬 스티커를 사이좋게 나눠 가졌어. 그리고 가드몬 애니메이션 이야기를 실컷 했지. 소이는 지민이와 좋아하는 것에 대해 즐겁게 이야기를 나눌 수 있어서 정말 행복했어. 그렇게 두 사람은 단짝이 된 거야.

요즘 소이에게 고민이 하나 생겼어. 지민이에게 새로운 친구가 생긴 것 같아. 새 친구 이름은 '하니'인데 아무래도 지민이의 마음을 단단히 빼앗은 모양이야. 요즘 지민이는 입만 열면 하니 얘기뿐이거든.

　오늘은 소이가 지민이네 집에 놀러 온 날이야. 그런데 어김없이 하니 이야기가 나오지 뭐야.

"소이야, 어제 하니가 신기한 걸 알려 줬다? 너 혹시 '이스터 에그(easter egg)'라고 알아?"

"이스터 에그? 그게 뭔데?"

"애니메이션을 만드는 사람들이 작품 속에 재미로 숨겨 놓은 장난이래."

　지민이가 자기랑만 하던 애니메이션 얘기를 하니와도 했다니! 소이는 몹시 서운했어. 지민이가 하니 얘기를 할 때마다 마음속에 서운함 풍선이 부풀었지. 지민이는 눈치채지 못했지만 말이야.

"가드몬에 '1006'이라는 숫자가 유독 자주 나오는 거 알지? 근데 그게 가드몬을 만든 제작자들이 학교를 다닐 때 수업을 듣던 강의실 번호라고 하더라! 정말 재밌지 않아? 하니는 정말 똑똑해!"

게다가 하니는 소이보다 애니메이션에 대해 훨씬 잘 아는 것 같았어. 소이는 지민이 앞에서 서운한 마음을 드러내지 않으려 노력했어. 괜히 지민이가 신경을 쓸까 봐 걱정됐거든. 그래서 하니 이야기가 나오면 애써 말을 돌렸어.

"오늘 같이 애니메이션 보자며. 뭐 볼까? 오랜만에 너랑 애니메이션 볼 생각하니까 설렌다!"

그러나 말을 돌린 보람도 없이 지민이는 또다시 하니 얘기를 꺼냈어.

"전에 하니가 추천해 준 거 있는데 그거 볼까?"

소이 마음도 모른 채 지민이가 또 하니 얘기를 꺼내자 소이의 서운함 풍선은 더 빵빵하게 부풀어 올랐어.

"그거 보자! 응? 하니가 되게 재밌대!"

결국 소이의 서운함 풍선은 빵! 하고 터져 버렸어.

"지민이, 너 정말 너무한 거 아니야?"

소이가 갑작스레 화를 내자 지민이는 당황했어.

"하니, 하니, 하니! 너 요즘 내 앞에서 맨날 하니 얘기만 하는 거 알아? 그렇게 하니라는 애가 좋으면 나 말고 하니랑 놀지 그래!"

잠시 어리둥절하던 지민이는 푸하하! 웃음을 터트렸어.

"왜 웃는 거야? 나 지금 정말 진지하거든?"

소이가 더욱 화를 내려던 순간, 지민이가 전혀 예상치 못한 말을 했어. 하니가 사람이 아니라는 거야.

"뭐? 사람이 아니라고?"

"응! 하니는 생성형 AI거든."

"……생성형 AI? 그게 뭔데?"

지민이는 갑자기 컴퓨터를 켜고 어떤 웹 사이트에 접속했어.

"하니를 직접 보여 줄게!"

친구랑 같이 보면 좋을 애니메이션 추천해 줘.

지민이가 화면에 떠 있는 대화 창에 질문을 입력했어. 몇 초도 지나지 않아 답변 창에 애니메이션 제목이 열 개나 좌르르 올라 왔어. 제목 옆에는 어떤 내용인지 알 수 있게끔 줄거리까지 요약되어 있었지.

"지민아. 하니는 사람이 아니야. 사람처럼 자연스러운 글을 쓸 수 있는 대화형 AI야. 정보를 많이 학습해서 만든 생성형 AI지."

AI라면 소이도 알고 있었어. 평소 AI 스피커에게 노래 추천도 받고, 날씨를 알려 달라고 하거든. AI가 사람의 뇌를 본떠 만든 '인공지능'이라는 사실도 알고 있었지. 인간처럼 분석하고 문제를 해결하는 컴퓨터 프로그램이라는 것까지 말이야.

하지만 생성형 AI가 무엇인지는 잘 이해되지 않았어.

"생성형 AI는 그냥 AI랑 뭐가 다른 건데?"

"소이, 네가 하니한테 직접 물어보면 어때?"

지민이가 소이에게 키보드를 내밀자 소이는 질문을 입력했어. 이번에도 몇 초 만에 훌륭한 답변을 돌아왔지.

소이

원래 AI와 생성형 AI의 차이점을 알려 줘.

하니

기존의 AI는 주어진 규칙에 따라 정해진 일을 해내는 AI야.
이와 달리 생성형 AI는 다양한 정보를 학습하고 이용자의 의도를 분석해 그에 맞는 결과물을 새롭게 만들어 내는 인공지능 기술이지!

하니가 달아 준 답변을 보고 소이는 생성형 AI가 무엇인지 이해할 수 있었어.

"우아! 그러니까 이제까지 AI는 인간이 시키는 것만 했다면 생성형 AI는 새로운 결과물까지 만들어 낸다는 거네?"

"맞아!"

지민이는 생성형 AI가 매우 다양하다고 말했어. 하니처럼 정보를

원래 AI와 생성형 AI의 차이점을 알려 줘  소이

 하니 기존의 AI는 주어진 규칙에 따라 정해진 일을 해내는 AI야.
이와 달리 생성형 AI는 다양한 정보를 학습하고 이용자의 의도를 분석해 그에 맞는 결과물을 새롭게 만들어 내는 인공지능 기술이지!

신기하네

찾아 주고 글을 써 주는 대화형 AI도 있고, 그림을 그려 주는 AI, 애니메이션이나 영화를 만들어 주는 AI도 있대. 소이는 여러 가지 생성형 AI에 대해 찾아보느라 시간이 가는 줄 몰랐어.

생성형 AI의 매력에 푹 빠진 소이를 보며 지민이는 소이에게 미안해졌어.

"소이야, 미안해. 요즘 하니가 워낙 큰 화제라서 난 당연히 너도 하니가 AI인 줄 알 거라고 생각했어."

그 말에 소이는 서운함 풍선의 바람이 푸시식 빠지는 걸 느꼈어.

"그래서 하니가 추천해 준 애니메이션이 뭔데? 얼마나 재밌는지 내가 또 확인해야지!"

장난스러운 소이의 말에 두 사람은 누가 먼저랄 것도 없이 웃음이 터졌어.

하니가 추천한 애니메이션은 동물을 닮은 로봇들이 힘을 합쳐 외계인에게서 지구를 지키는 내용이었어.

"난 판다봇이 제일 좋아. 덩치도 크고 힘도 세잖아! 지민이 너는?"

"난 고슴봇."

"많고 많은 캐릭터 중에 왜 고슴봇이 좋아? 덩치도 작고 힘도 약하잖아."

"우리 '치치'를 닮았거든!"

치치는 지민이가 키우는 고슴도치야. 말이 나온 김에 지민이는 치치를 소개시켜 주겠다며 거실로 나갔어. 거실 한편에는 치치의 통나무집이 있었어. 치치가 통나무집에 들어가 쿨쿨 자는 바람에 둘은 치치의 뾰족뾰족한 가시 엉덩이밖에 보지 못했지.

"치치가 늙어서 요즘 잠을 많이 자. 아기처럼 보여도 여덟 살이나 된 할아버지거든."

주말에 치치를 만나기로 약속한 소이는 집에 돌아오자마자 하니에게 고슴도치에 대해 알려 달라고 했어. 치치를 만나기 전에 미리 알아두면 좋을 것 같았거든.

몇 초 지나지 않아 하니는 고슴도치에 대한 정보를 술술 내놓았어. 덕분에 고슴도치가 주로 밤에 활동하는 야행성인 것도, 위험에 처하면 몸을 공처럼 둥글게 말아 보호한다는 것도 알게 됐어. 고슴도치의 몸에 있는 가시가 무려 5000~7000개나 된다는 것도 말이야. 고슴도치에 대해 알면 알수록 소이는 귀여운 치치를 보고 싶은 마음이 샘솟았어.

그런데 하니의 대답을 읽던 소이는 맨 아래 문장에 시선이 멈췄어.

"고슴도치의 평균 수명이 4~7년 정도라고? 지민이 말대로 치치는 정말 할아버지였구나."

그때 지민이에게 전화가 왔어. 소이는 반갑게 고슴도치에 대해 알아보던 참이라고 말하려 했어. 그런데 지민이가 울먹거리는 목소리로 말했어.

"소이야……. 치치가 무지개다리를 건넜어."

지민이의 말에 소이는 심장이 쿵! 내려앉았어. 반려동물이 죽었을 때, '무지개다리를 건넌다'라고 표현하거든. 반려동물을 키우는 사람들은 이 세상과 하늘나라가 아름다운 무지개다리로 연결되어 있다고 생각한대. 그래서 동물들이 죽었을 때, 무지개다리를 건너 하늘나라로 갔다고 말하는 거야.

소이는 서둘러 지민이의 집으로 향했어. 둘은 슬퍼하며 치치를 지민이네 앞마당에 묻었어. 따뜻한 햇볕이 가장 잘 드는 곳에 묻힌 치치에게 마지막 인사도 건넸어.

"치치야. 잘 가. 나중에 다시 만나."

"치치야. 안녕."

치치가 세상을 떠난 뒤, 지민이는 깊은 슬픔에서 쉽사리 헤어 나오지 못했어. 소이는 지민이가 제일 좋아하는 민트초코 맛 아이스크림도 선물하고, 문방구를 모두 뒤져 새로운 가드몬 스티커까지 구해 왔지만 지민이는 여전히 슬픈 표정이었지.

"지민이가 말도 잘 안 하고 너무 힘들어해요."

저녁밥을 먹으며 소이가 걱정하자 소이 엄마가 말했어.

"아무래도 지민이가 펫로스 증후군을 겪고 있는 것 같구나."

"펫로스 증후군이요?"

"응. 반려동물이 죽은 뒤 상실감에 슬퍼하는 현상이야."

소이는 펫로스 증후군을 겪는 지민이에게 힘을 주고 싶었어. 그러다 좋은 생각이 떠올랐지.

"지민이는 애니메이션을 좋아하니까…… 치치에 대한 애니메이션을 만들어 위로하는 거야!"

하지만 소이는 애니메이션을 만들어 본 적도 없고 만드는 방법도 몰랐어. 애니메이션을 만들려면 줄거리가 있어야 하는데 소이는 이야기를 써 본 적이 없었거든.

소이는 어디서부터 어떻게 시작해야 할지 몰라 막막했어. 그러다 문득 지민이가 알려 준 생성형 AI가 생각났어.

'생성형 AI는 글도 써 주고, 애니메이션도 만들어 준다고 했잖아!'

소이는 후다닥 일어나 컴퓨터를 켜고 생성형 AI '하니'에 접속해서 다음 문장을 입력했어.

"고슴도치 '치치'가 주인 '지민이'와 다시 만나는 이야기를 써 줘."

며칠 뒤 소이는 지민이네 집을 찾아왔어. 지민이는 또 울고 있었던 것인지 빨개진 눈으로 문을 열어 주었지. 그런 지민이에게 소이는 보여 줄 것이 있다며 스마트폰을 꺼내 동영상 하나를 보여 줬어. 그건 생성형 AI '하니'를 이용해 이야기를 만들고, 글을 영상으로 바꿔 주는 영상 AI를 써서 만든 애니메이션이었지.

동영상이 시작되자마자 화면에는 가슴에 '치치'라는 이름표를 단 고슴도치 캐릭터가 나타났어. 지민이는 화면에 나타난 치치를 보고 놀란 표정을 짓다가 서서히 애니메이션에 빠져들었어.

애니메이션은 하늘 높이 떠 있는 무지개다리 위에서 지민이를 지켜보는 치치의 모습으로 시작됐어. 슬픔에 빠져 매일 울기만 하는 지민이를 바라보던 치치는 안 되겠다는 듯 무지개를 타고 내려와 지민이 앞에 나타났지.

"지민아. 난 언제나 무지개다리에서 널 지켜보고 있어. 그러니 너무 슬퍼하지 마. 언젠가 우리는 꼭 다시 만날 수 있을 거야."

　그제야 눈물을 멈춘 지민이는 치치와 마지막으로 뜨거운 포옹을 나눴어. 무지개다리로 돌아가는 치치를 씩씩하게 배웅하는 지민이의 모습으로 애니메이션은 끝났지.

　"처음 만든 거라서 좀 어설프지?"

　소이가 조심스럽게 지민이에게 묻자 지민이는 눈물이 그렁그렁해져서 소이를 꼭 껴안았어.

　"소이야. 고마워. 치치를 위해서라도 힘낼게. 치치는 영영 내 곁을 떠난 게 아니라 무지개다리 위에서 날 지켜보고 있는 거니까!"

　늘 슬픔으로 가득 차 있던 지민이가 다시 웃자 소이는 그제야 안심이 되었어. 생성형 AI가 도와준 덕분에 이 모든 걸 할 수 있었지. 소이

는 지민이 등을 다독여 주며 지민이의 남은 슬픔이 잘 흘러가기를 바랐어. 서로 위로해 주는 두 사람을 치치 역시 동영상 속에서 지켜보고 있었어. 치치는 앞으로도 무지개다리 위에서 두 사람을 지켜볼 거야. 아마 영원토록 말이야.

새롭게 등장한 인공지능?
생성형 AI란 무엇일까?

 인공지능(AI)이란 무엇일까?

누구나 한 번쯤 '인공지능'이라는 말을 들어 본 적이 있을 거야. 설사 들어 본 적이 없다고 해도 인공지능을 사용하는 모습은 본 적이 있을걸?

"시리야. 오늘의 날씨를 알려 줘."

"헤이, 카카오. 비 오는 날 어울리는 음악을 틀어 줘."

광고나 TV에서 사람이 말하는 대로 기계가 날씨를 알려 주고, 음악

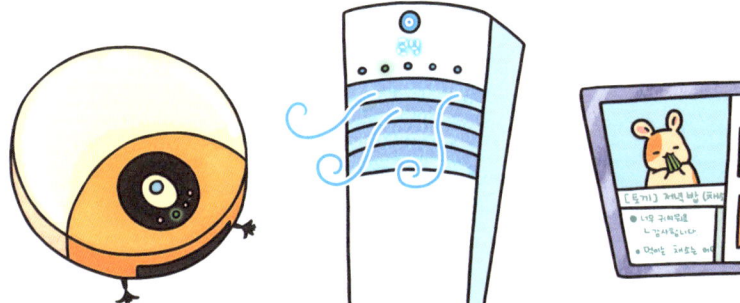

을 골라 주는 모습을 본 적 있지? 그게 바로 스마트폰이나 스피커에 설치된 인공지능 비서를 사용하는 거야. 삼성의 '빅스비', 애플의 '시리', 구글의 '어시스턴트'가 대표적인 예지.

이렇게 사람의 요청을 들어주는 인공지능 비서 외에도 알아서 집안 온도를 조절해 주는 에어컨, 바닥에 떨어진 물건을 알아서 피해 청소하는 로봇 청소기, 사용자가 어떤 영상을 좋아하는지 알아서 추천해 주는 유튜브까지. 우리의 생활에는 이미 인공지능이 다양하게 쓰이고 있어.

인공지능이란 '인공'과 '지능'이 합쳐진 말이야. '인공'은 사람의 힘으로 새롭게 무언가를 만들어 낸 것을 의미해. '지능'은 스스로 생각하는 능력을 뜻해. 그러니까 인공지능은 스스로 생각하는 능력을 지닌 사람의 두뇌를 본떠 새롭게 만들어 낸 컴퓨터 프로그램이야. 영어로는 AI라고 하는데 인공지능을 뜻하는 'Artificial Intelligence'에서 첫 알파벳만 따서 부르는 줄임말이야. 인공지능을 AI라고도 부르고, AI를 인공지능이라고도 불러.

사람들은 흔히 AI라고 하면 사람과 비슷하게 생긴 로봇을 떠올려. 로봇들 중에 AI 기능이 있는 것도 있지만 그렇다고 해서 로봇이 반드시 AI인 건 아니야. 사람으로 치자면 로봇은 사람의 몸에 해당돼. 반면 AI는 컴퓨터 프로그램이기에 뇌에 가깝지.

로봇은 규칙에 따라 정해진 일만 할 수 있지만, AI는 사람이 정한 규칙을 따를 뿐만 아니라 스스로 분석하고 판단해서 결정을 내릴 수 있어. 또, 로봇은 기계라서 눈에 보이지만 AI는 프로그램이기 때문에 반드시 눈에 보이는 몸체가 있지는 않아. 스마트 스피커, 자동차, 우주선 등 상황에 따라서 다양한 모습을 할 수 있지.

 최초의 인공지능은 무엇이었을까?

'인공지능'이라는 말을 처음으로 쓴 사람은 미국의 컴퓨터 과학자,

존 매카시(John McCarthy)야. 1956년, 존 매카시는 수많은 학자들을 초청한 자리에서 자신의 연구 계획을 발표하며 '인공지능'이라는 말을 처음 사용했어. 물론 그 이전에도 인공지능에 대해 연구하는 과학자들은 많았어. 하지만 인공지능이라는 용어를 사용한 사람은 없었지. 존 매카시를 통해 인공지능이라는 말이 세상에 널리 퍼지게 된 거야. 이 때문에 그는 '인공지능의 아버지'로 불리지.

1960년대, 미국에서 컴퓨터가 점점 많이 쓰이기 시작하면서 인공지능에 대한 연구도 활발해졌어. 시간이 흘러 1997년 5월 11일, 세상 사람들에게 인공지능을 널리 알린 결정적인 사건이 일어났어. 글로벌 전자 기업, IBM이 만든 체스 게임 AI '딥 블루'와 체스 세계 챔피언의 경기가 벌어진 거야. 인간과 AI가 경쟁하는 이색적인 대결에 전 세계 사람들의 뜨거운 관심이 쏟아졌어.

"체스는 두뇌를 많이 쓰는 게임인데 기계가 사람을 어떻게 이길 수 있겠어?"

당시 사람들은 대부분 당연히 체스 챔피언이 이길 거라고 예상했어. 딥 블루는 이미 1년 전, 체스 세계 챔피언에게 도전장을 내밀었다가 패배한 경험이 있었거든.

"보나마나 이번에도 사람이 이길 거라고!"

그러나 사람들의 예상을 비웃기라도 하듯 딥 블루는 체스 세계 챔피언 가리 카스파로프에게 승리했어. IBM의 개발자들이 딥 블루에게 지난 100년간의 체스 경기와 세계 유명 체스 선수들의 기술을 공부시킨 결과였지.

"공식적인 경기에서 체스 챔피언을 꺾은 최초의 AI가 탄생했습니다!"

딥 블루의 승리로 사람들은 큰 충격을 받았어. 기계는 절대 인간을 이길 수 없다는 사람들의 고정 관념이 깨진 거야. 그로부터 19년이 지난 2016년, AI는 사람들에게 또 한 번 충격을 안겨 줬어. 바로 세계적인 바둑 기사, 이세돌 9단과 구글이 만든 바둑 AI 프로그램 '알파고'가 대결을 펼친 거야.

"2016년 3월 9일, 사람 대 인공지능! 세기의 바둑 대결이 열립니다!"

경기를 앞두고 사람들은 바둑만큼은 인간이 승리할 거라고 확신했어. 딥 블루가 이긴 이후 체스는 AI에게 정복되었지만 체스보다 훨씬 복잡한 바둑은 AI가 아직 이기지 못한 분야였거든.

    구글은 뛰어난 바둑 실력을 갖춘 이세돌 9단을 이기기 위해 알파고 안에 최대한 많은 바둑 정보를 집어넣었어. 알파고가 상황에 따라 알맞은 방법을 찾아 꺼내 쓰도록 하기 위해서였지. 또, 알파고를 한 대 더 만들어 두 알파고가 서로 바둑 경쟁을 펼치도록 연습을 시켰어.

    그 결과, 이세돌 9단과 경기를 시작한 알파고는 전 세계 시청자가 지켜보는 가운데 4:1로 승리했어. 이 일은 AI란 존재를 사람들에게 또 한 번 널리 알리는 계기가 되었지.

인공지능에도 약한 게 있고 강한 게 있다고?

인공지능은 크게 두 가지로 나눌 수 있어. 바로 '약한 인공지능'과 '강한 인공지능'이야. '인공지능이 얼마나 인간답게 행동할 수 있는가'를 기준으로 구분하지. 약한 인공지능과 강한 인공지능은 어떤 차이점이 있을까?

쉽게 말해 요즘 우리가 사용하는 인공지능은 모두 약한 인공지능이

약한 인공 지능

- 인간이 정해 준 규칙에 따라 행동해.
- 스스로 생각하는 능력이 없어.
- 실내 온도 조절, 지도에서 지름길 찾기, 바둑 두기 등 비교적 간단한 일을 할 수 있어.
- 우리 주위에서 쉽게 볼 수 있어. 예) AI 스피커, 바둑 게임 로봇.

강한 인공 지능

- 인간의 명령이 없어도 알아서 행동해.
- 스스로 생각하고 판단을 내려.
- 상대방의 감정을 이해하고, 사람처럼 복잡하고 다양한 문제를 해결할 수 있어.
- 아직까지 개발되지 않았어.

야. 강한 인공지능은 사람과 비슷한 지능을 갖고 스스로 생각해서 판단하고 행동하는 인공지능인데 아직 개발되지 않았어. 앞으로 과학자들이 연구를 거듭해 컴퓨터가 인간의 능력을 완전히 흉내 낼 수 있을 때, 강한 인공지능이 탄생할 거야.

사람들을 열광하게 만든 생성형 AI의 등장

영화 〈아이언맨〉에는 AI 비서 '자비스'가 나와. 자비스는 주인인 토니의 저택을 관리하고 건강을 관리해 주며 전투에 필요한 지식까지 알려 주는 아주 똑똑한 AI 비서야. 그런데 최근 자비스를 매우 닮은 AI가 나와 전 세계 사람들을 놀라게 했어. 엄청난 화제성과 함께 등장한 '챗GPT'야.

챗GPT는 미국의 인공지능 회사 '오픈 AI'가 만든 생성형 AI야. 대화를 통해 사용자에게 정보를 주는 대화형 인공지능 서비스지.

챗GPT는 2022년 11월 30일에 공개된 지 단 5일 만에 가입자가 100만 명을 돌파했어. 넷플릭스가 3년 6개월, 인스타그램이 75일 만에 100만 가입자를 모은 것에 비하면 엄청나게 빠른 속도지. 도대체 챗GPT가 뭔데 이토록 폭발적인 관심을 받은 걸까?

　사람들이 챗GPT에 열광하는 가장 큰 이유는 사용법이 간편하고 정보를 찾는 시간을 엄청나게 줄여 주기 때문이야. 챗GPT가 나타나기 전까지 우리는 어떠한 정보를 찾기 위해 여러 단계의 과정을 거쳤어. 예를 들어 '고슴도치'가 무엇인지 찾아본다고 할 때, 다음과 같은 과정을 거쳐야 했지.

1. 구글이나 네이버 같은 검색 사이트에 접속한다.

2. 검색창에 고슴도치를 검색한다.

3. 고슴도치와 관련된 수많은 정보들 가운데 가장 연관성이 높은 링크를 고른다.

4. 링크를 클릭해 들어간다.

이런 과정을 거친 뒤에야 우리는 비로소 찾던 정보를 손에 넣을 수 있어. 이와 달리 챗GPT의 과정은 매우 단순해.

1. 챗GPT 사이트에 접속한다.

2. 대화 창에 고슴도치에 대해 알려 달라는 질문을 입력한다.

이게 끝이야. 질문 하나만 입력하면 몇 초 지나지 않아 챗GPT는 원하는 정보를 알려 주지. 만약 더 자세한 정보를 알고 싶다면 '더 자세히', 짧게 요약된 정보를 원한다면 '더 짧게', '요약해 줘.'라는 말만 입력하면 돼. 즉, 원하는 방식으로 정리된 정보를 찾느라 링크를 하나하나 클릭할 필요 없이 대화 창에서 한 번에 모든 것을 해결할

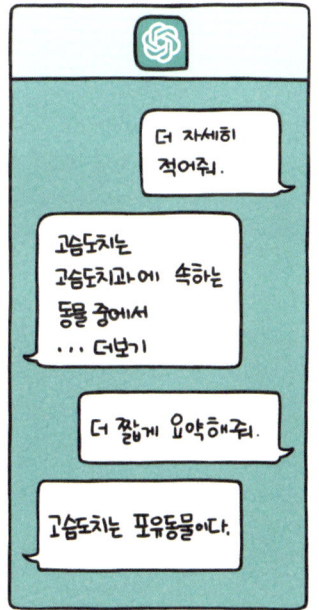

수 있는 거야. 이 때문에 정보를 찾는 시간을 매우 아낄 수 있어.

사람들이 챗GPT에 열광하는 또 다른 이유는 챗GPT가 매우 다양한 일을 할 수 있기 때문이야. 독후감 쓰기부터 번역, 기사 작성, 이야기 창작, 심지어는 컴퓨터 프로그래밍까지 할 수 있어. 정말 대단하지 않니?

 생성형 AI란 무엇일까?

챗GPT처럼 사용자의 요구에 따라 새로운 창작물을 탄생시키는 인공지능을 생성형 AI라고 해. 생성형 AI에서 '생성'이란 이전에 없었던 것이 새로 나타난다는 뜻이야. 게임에서 갑자기 아이템이 새로 나타났을 때 '아이템이 생성된다'라고 하지? 그처럼 생성형 AI는 새로운 결과를 만들어 내는 인공지능이야. 정해진 규칙에 따라 일하는 기존 AI와 달리, AI가 스스로 분석하고 판단해 새로운 것을 만들어 내는 거지. 생성형 AI는 챗GPT 외에도 매우 다양해. 생성형 AI에는 어떤 것들이 있을까?

미드저니(Midjourney)

그리고 싶은 그림을 글로 입력하면 알아서 그림을 그려 주는 그림 AI야. 그림을 아예 그릴 줄 모르는 사람도 간단한 문장만 입력하면 그림을 그릴 수 있는 거야. 예를 들어 "인어 공주가 하늘을 날아다니는 모습을 그려 줘."라고 입력하면 AI가 정말로 그 모습을 그림으로 그려 주는 거지. 유명한 화가의 그림을 비슷하게 흉내 낼 수도 있어. 반 고흐처럼 그려 달라고 하거나 김홍도처럼 그려 달라고 하면 돼. 그러면 진짜 반 고흐나 김홍도가 그린 것 같은 그림을 완성해 주지.

이매진 비디오(Imagen Video)

구글에서 만든 영상 AI야. "말을 타고 있는 우주 비행사."라거나 "폭풍우가 치는 바다에서 해적선들의 격렬한 전투." 같은 문장만 입력하면 생동감 넘치는 동영상 한 편이 뚝딱 완성돼. 아직은 초기 단계라서 제작 가능한 영상 길이가 몇 초밖에 되지 않지만 앞으로 점점 더 긴 영상까지 만들 수 있을 거야. 구글이 만든 또 다른 영상 AI, '페나키(Phenaki)'는 더 훌륭한 기능을 갖고 있어. 이매진 비디오보다 더 구체적이고 긴 동영상을 만들어 주거든. 10줄이 넘는 긴 설명을 입력해도 이것을 이해하고 동영상을 척척 만들지.

이봄(EvoM)

한국의 회사인 '크리에이티브마인드'에서 만든 작곡 AI야. 작곡이란 음악을 만드는 거야. 이봄의 특징은 작곡 방법이 매우 간단해서 작곡을 아예 할 줄 모르는 사람도 쉽게 작곡에 도전할 수 있어. 게다가 짧은 시간 안에 댄스 음악, 재즈, 락 등 다양한 장르의 음악을 만들어 줘. 2분짜리 음악 한 곡을 만드는 데 고작 3~5초 정도 걸린다고 해.

생성형 AI의 원리가 뭐야?

그림 그리기부터 작곡까지, 생성형 AI는 어떻게 이토록 복잡한 일을 척척 할 수 있을까? 그건 바로 '기계 학습'과 '딥 러닝'이라는 기술 때문이야. 기계 학습과 딥 러닝이 무엇인지 함께 알아보자.

기계에게 경험을 쌓도록 시키는 '기계 학습'

초기의 컴퓨터는 고양이와 개를 구별하지 못했어. 사람에게 고양이와 개를 구별하는 건 매우 쉬운 일이지만 기계에게는 그렇지 않았거든. 기계는 정해진 규칙에 따라 답을 찾도록 만들어졌어. 그래서 규칙에서 조금만 벗어나도 답을 찾지 못했지. 고양이가 서 있는 사진을 보여 주며 '이것은 고양이다'라고 실컷 공부시켜도 만약 고양이가 웅크리고 있거나 박스에 들어가 있는 사진을 보여 주면 그게 고양이라는 걸 알아보지 못했어. 기계가 공부한 사진 속 모습과 달랐기 때문이야. 이러한 문제를 해결하기 위해 만든 기술이 바로 기계 학습이야. 영어로는 '머신 러닝(Machine Learning)'이라고 해.

기계 학습이란 인간이 기계에게 경험을 많이 쌓도록 학습시키는 거야. 다양한 동물들의 사진을 계속 보여 주며 기계가 그중에서 고양이를 가려내게 하는 거지. 처음에 기계는 당연히 잘 가려내지 못해. 하지만 그 과정을 반복할수록 정답과 오답의 경험이 쌓여서 점차 다양한 고양이의 모습을 분석하게 돼. 뚱뚱한 고양이, 아기 고양이, 털이 없는 고양이까지 고양이라고 판별할 수 있게 되는 거지.

사실 기계 학습은 아주 오래 전에 개발됐어. 하지만 20~30년 동안 큰 성과를 내지 못했지. 기계 학습을 하려면 기계를 공부시킬 엄청나게 많은 자료들이 필요해. 그런데 예전에는 이런 자료들을 구하기가 쉽지 않았거든. 그러다 1990년대부터 인터넷이 쓰이면서 엄청난 양의 자료들을 온라인상에서 쉽게 구하게 되었어. 그 덕분에 기계 학습도 가능해졌지.

스스로 학습하는 '딥 러닝'

딥 러닝은 컴퓨터가 사람처럼 판단하고 배울 수 있도록 하는 기술이야. 딥 러닝에서 '딥'은 '깊게', '러닝'은 '배우다'라는 뜻이야. 기계 학습보다 더 '깊게' 이해하고 '배우는' 기술인 거야. 기계 학습 연구가 발달하면서 딥 러닝이라는 기술도 탄생했지.

기계 학습은 컴퓨터에게 먼저 다양한 정보를 가르치고 그것을 학습한 결과에 따라 컴퓨터가 새로운 것을 예측하는 기술이야. 인간이 일단 컴퓨터에게 다양한 고양이 사진을 보여 주고 '이것이 고양이다'라고 알려 줘야 그 다음에 컴퓨터가 새로운 고양이 사진을 보고도 '고양이'라고 판단할 수 있는 거지.

이와 달리 딥 러닝은 인간의

가르침이 없어도 컴퓨터가 스스로 배우고 새로운 것을 예측할 수 있어. 인간이 고양이에 대해 알려 주지 않아도 컴퓨터가 여러 가지 고양이 사진을 보고 알아서 고양이의 특징을 터득한 뒤, 새로운 고양이 사진을 보고 고양이라고 구분하는 거야. 바로 이렇게 스스로 학습해 답을 찾는 과정을 '딥 러닝'이라고 해.

AI가 무서워!

　태웅이는 민호와 신나게 농구 게임을 하고 나서 동네 주스 가게로 달려갔어. 농구를 하고 나서 마시는 시원한 수박 주스는 세상에서 제일 꿀맛이거든. 주스 가게에 들어서자마자 태웅이는 멈칫했어. 항상 계산대 앞에 서 있던 점원 누나가 보이지 않았던 거야. 그 자리에는 안내문이 하나 붙어 있었지.
　'주문은 키오스크에서 해 주세요.'
　생전 처음 보는 단어에 태웅이는 어리둥절했어.
　"키오스크? 그게 뭐지?"

"저거 아니야?"

민호가 커다란 기계를 가리켰어. 기계에 다가가서 살펴보니 손님들이 직접 메뉴를 고르고 주문을 할 수 있었어.

"이걸 키오스크라고 부르는구나."

사실 태웅이는 키오스크를 사용해 본 적이 있었어. 며칠 전에 민호랑 분식집에 갔을 때, 키오스크로 김밥과 떡볶이를 주문했거든.

"태웅이랑 민호 왔구나."

부엌 쪽에서 주인아저씨가 고개를 내밀고 말을 걸자 태웅이와 민호도 꾸벅 고개를 숙여 인사했어.

"안녕하세요! 아저씨. 근데 요즘 키오스크가 유행이에요? 분식집도 그렇고 여기도 생겼네요."

"하하. 유행인가? 저거 한 대면 사람이 할 일이 많이 줄어들거든."

아저씨는 키오스크를 설치하면 손님이 직접 주문을 하니까 일하다 주문을 받으러 나올 필요도 없고, 주문 받는 직원을 둘 필요도 없다고 하셨어. 그제야 태웅이와 민호는 점원 누나가 왜 보이지 않았는지 깨달았지.

태웅이는 가게를 나서며 수박 주스를 한 모금 빨아들였어. 입 안에 가득 퍼지는 주스의 시원함에 눈이 번쩍 떠졌어.

"캬! 이 맛이라니까?"

그런데 태웅이와 달리 민호의 얼굴이 매우 어두웠어.

"태웅아, 사람이 할 일이 줄어든다는 건 일자리가 사라진다는 말 아니야?"

태웅이는 그제야 민호가 주인아저씨의 말을 내내 생각하고 있었다는 걸 알았어.

"분식집에도 주문 받던 아르바이트 형이 그만뒀잖아. 여기서 일하던 누나도 그렇고. 이러다 기계가 사람들의 일자리를 몽땅 빼앗으면 어떡해?"

태웅이는 민호가 괜한 걱정을 하는 것 같았어. 원래 민호가 좀 걱정이 많은 편이거든. 태웅이는 민호를 안심시키기 위해 일부러 더 큰소리를 쳤지.

"너무 걱정 마. 네가 생각하는 그런 일은 절대 벌어질 리 없으니까!"

그날 저녁, 태웅이는 가족들과 오랜만에 뷔페에 가서 저녁을 먹었어. 고기부터 초밥, 케이크까지 먹고 싶었던 음식을 잔뜩 먹었지. 어느새 태웅이 옆에는 빈 접시들이 수북하게 쌓였어.

"아, 접시를 치워 달라고 해야겠네."

이때 누군가 태웅이 앞에 다가와 멈춰 섰어. 태웅이는 당연히 접시를 치우러 온 점원인 줄 알았지.

"아, 감사합니다. 안 그래도 접시가 너무 많이 쌓여서……. 엥?!"

그런데 태웅이 앞에 서 있는 건 서빙 로봇이었어. 음식을 운반하고 다 먹은 접시를 수거하는 로봇 말이야. 서빙 로봇의 스피커에서 음성이 흘러나왔어.

"안녕하세요. 제 위에 빈 접시를 올려 주세요."

태웅이는 잠시 망설이다 서빙 로봇의 몸통에 빈 접시를 내려놓았어. 그러자 서빙 로봇의 머리 부분에 달린 모니터에서 활짝 웃는 이모티콘이 나타났어.

"감사합니다."

빈 접시를 실은 서빙 로봇은 능숙하게 방향을 바꿔 주방 쪽으로 갔어. 혹시나 사람들과 부딪치진 않을까 태웅이는 불안한 눈으로 서빙 로봇의 뒷모습을 바라보았어. 하지만 걱정이 무색하게 서빙 로봇은 사람들 사이를 요리조리 잘 피해 갔지. 때마침 음식을 담아 온 태웅이의 부모님도 서빙 로봇을 신기하게 보며 말했어.

"저번에 왔을 때는 직원들이 그릇을 치웠는데 이제는 그걸 서빙 로봇이 하네요."

"그러게요. 일하는 직원들이 거의 반 넘게 줄어든 것 같은데요?"

그 말에 태웅이는 서둘러 뷔페 안을 휘 둘러봤어. 가게 안을 바쁘게 돌아다니던 직원들 대신 여러 대의 서빙 로봇만이 이리저리 돌아다니고 있었어. 그 모습에 태웅이는 문득 기계가 사람들의 일자리를 모두 빼앗는 게 아니냐고 걱정하던 민호가 떠올랐어.

'진짜 민호 말대로 되는 거 아니야?'

태웅이는 괜한 걱정일 거라고 생각하며 애써 서빙 로봇에게 향하던 시선을 돌렸지.

그런데 그날 밤, 태웅이는 너무 섬뜩한 장면을 보았어. 매일 보던 뉴스의 진행자가 사람에서 AI로 바뀐 거야. 처음에 태웅이는 그저 진행자가 다른 사람으로 바뀐 줄 알았어. 그도 그럴 것이 새로 맡은 진행자는 얼굴도, 목소리도 너무 사람 같았거든. 아니, 사람보다 더 사람 같았어. 그래서 AI일 거라고는 의심조차 못했지.

그런데 진행자가 뉴스를 마치고 마지막 인사를 전하며 이렇게 말한 거야.

"지금까지 AI 앵커, 김수민이었습니다."

당연히 사람인 줄 알았던 진행자가 AI였다니! 태웅이는 너무 놀라 하마터면 뒤로 넘어질 뻔했어.

"대체 어떻게 이런 일이 가능한 거지?"

태웅이는 곧장 AI 진행자에 대해 찾아봤어. 태웅이가 본 AI 진행자는 컴퓨터가 사람의 모습을 학습해서 만든 가상 인간이었어. 진짜 사람처럼 보이지만 사실은 컴퓨터가 만든 인간인 거야. 초조해진 태웅이는 AI에 대해 더 찾아보았지.

"뭐? 의사 시험에 통과한 AI가 있다고? 미술 대회를 휩쓸고 있는 AI까지?"

생각했던 것보다 더 다양한 분야에서 AI가 활약하고 있다는 사실에 태웅이는 큰 충격을 받았어. 이때, 어디선가 사람들의 웅성거리는 목소리가 들렸어. 소리가 들려온 곳은 창밖이었지.

서둘러 창문을 열고 밖을 내다보자 AI에게 쫓겨나는 수많은 사람들이 보였어. 태웅이는 할 말을 잃고 그 모습을 보다 유난히 익숙한 뒷모습의 한 아이를 발견했어. 바로 그때 아이가 AI에게 세게 등을 떠밀려 바닥에 꽈당 쓰러지고 말았지. 그런데 넘어진 아이의 얼굴은 다름 아닌 태웅이 자신이었어.

"으아아아악!!! 난 쫓겨나고 싶지 않아! 쫓겨나고 싶지 않다구!"

몸을 웅크린 채 한참이나 비명을 지르던 태웅이의 귓가에 익숙한 목소리가 들렸어.

"태웅아! 왜 그래? 악몽이라도 꿨니?"

눈을 번쩍 뜨자 이모가 태웅이를 내려다보고 있었어. 어느새 날은 훤히 밝아 있었지. 지난밤, AI에 대해 찾아보다가 스르륵 잠이 들었던 모양이야. 태웅이는 아직 잠이 덜 깬 채 이모에게 소리쳤어.

"이모! AI는 인간의 적이에요! AI가 인간의 일자리를 모두 빼앗아 버릴 거라고요!"

태웅이의 악몽 이야기를 듣던 이모는 주말을 맞아 태웅이와 특별한 외출을 하기로 했어. 바로 이모가 일하는 직장에 가기로 한 거야. 이모는 다양한 연구가 이뤄지는 AI 연구소에서 프롬프트 엔지니어로 일하고 있거든.

"프롬프트란 인공지능에게 일을 시키는 명령어야. 프롬프트 엔지니어링은 인공지능이 잘 이해할 수 있도록 명령어를 효율적으로 짜는 것을 말하지. 프롬프트 엔지니어링을

통해 AI와 잘 대화하는 법을 연구하는 사람이 바로 프롬프트 엔지니어야."

프롬프터 엔지니어는 AI가 발달하면서 생겨난 직업이래. 이모는 프롬프터 엔지니어 말고도 AI가 발전하면서 새로 생긴 직업이 많다고 했어.

AI 연구소에 도착해서 이모가 태웅이를 제일 처음 데려간 곳은 다름 아닌 드넓은 농장이었어. 태웅이는 AI 연구소 안에 이런 공간이 있을 줄은 상상도 하지 못했지.

"이모, 여기 농장이 왜 있어요?"

"그야 AI가 농장과 관련 있으니까. 농사는 사람이 직접 하는 일이라고 생각했지? 하지만 농업이야말로 AI를 가장 적극적으로 사용하고 있는 분야야."

이때 한 남자가 두 사람 곁으로 다가왔어. 이모에게 아는 척을 하던 남자는 태웅이에게 인사했어.

"안녕? 나는 인공지능 시스템을 개발하는 'AI 개발자'야."

"태웅아. AI 개발자도 AI로 인해 생겨난 직업이야."

이모가 AI 개발자에게 태웅이와 여기 오게 된 사정을 말했어. 그러자 AI 개발자가 태웅이에게 웃으며 이야기했어.

"마침 농업용 AI를 테스트하던 참인데, 함께 볼래?"

"네!"

세 사람은 건너편 밭으로 가서 열심히 땅을 갈고 있는 트랙터를 보았어.

"어라? 트랙터에 운전하는 사람이 없어요!"

태웅이가 깜짝 놀라며 외치자 AI 개발자가 고개를 끄덕였어. 트랙터를 운전하는 건 다름 아닌 AI였지. 밭 갈기부터 씨 뿌리기, 농약 뿌리기, 수확하기까지 이곳에서는 AI가 다 알아서 관리하고 있었어.

"사실 농촌은 일할 사람이 없어서 큰일이거든. 그런데 AI가 이 문제를 해결해 주고 있지. 게다가 AI 농업은 컴퓨터와 스마트폰으로 조작하기 때문에 이것을 잘 다루는 젊은 사람들에게 새로운 일자리를 가질 수 있는 기회가 될 거야."

AI 개발자와 인사를 나눈 뒤, 태웅이와 이모는 한 실험실에 도착했어. 그곳에서 열심히 연구를 하던 사람이 다가와 자신을 '의사 과학자'라고 소개했어.

"의사 과학자요? 의사면 의사이고 과학자면 과학자이지 의사 과학자가 뭐예요?"

"의사 과학자란 의학과 과학을 동시에 연구하는 사람이에요. 의학과 과학, 두 분야를 모두 활용해 아직 치료법이 없는 병을 고치는 신약을 개발하고 새로운 의학 기술을 찾는 일을 하지요."

의사 과학자는 미래에는 AI 기술을 활용해 병을 더욱 빨리 발견해서 치료할 수 있을 거라고 말했어. 그러면 사람들은 아예 병에 걸리지 않도록 병을 예방하는 일에 더 집중할 거래.

"미래에는 의사 과학자들이 더 많이 필요해질 거예요. 의사 과학자는 AI 시스템을 이용해 사람들의 식습관, 생활 습관, 호르몬 변화 같은 정보를 분석해요. 그래서 미리 어떤 병에 걸릴지 예측하고 병을 예방하는 일을 도와주거든요."

의사 과학자와 인사를 나눈 뒤, 태웅이와 이모는 편안한 음악이 흘러나오는 방에 들어갔어. 그곳에는 여러 사람들이 눈을 감은 채 한참 동안이나 가만히 앉아 숨을 고르고 있었지. 이 모습을 지켜보던 태웅이는 이모의 귀에 조심스레 속삭였어.

"대체 다들 뭘 하고 있는 거예요?"

그런데 누군가 태웅이에게 다가와 인자한 미소를 지으며 말했어.

"디지털 디톡스를 하는 거랍니다. 디톡스란 해독이라는 뜻이에요. 디지털 디톡스는 디지털에 중독된 몸과 마음을 해독하는 거예요. 디지털 기기를 그만 사용하고 휴식하면서 몸과 마음의 평화를 되찾는

호르몬 변화

거죠. 디지털 디톡스를 도와주는 사람이 바로 저 같은 디지털 디톡스 치료사이고요."

그러고 보니 방 안에 있는 어느 누구도 핸드폰을 만지거나 디지털 기기를 사용하지 않았어. 미래에는 지금보다 더 많은 사람들이 디지털 중독에 시달릴 거래. AI를 비롯한 디지털 기술이 발달할수록 전자 기기를 쓰는 생활에 중독되는 사람이 많아지기 때문이야. 그래서 디지털 디톡스 치료사라는 직업은 앞으로 더욱 각광을 받을 거라고 해.

태웅이와 이모는 조용히 방을 빠져나왔어.

"AI로 인해 새로 생기거나 주목받는 직업이 이렇게나 많은 줄 몰랐어요."

태웅이는 AI가 인간의 일자리를 몽땅 빼앗을 거라고 두려워했던 게 괜한 걱정이었나 싶었어.

"어쩌면 태웅이 네가 느낀 두려움은 당연한 감정일지도 몰라. 세상에 기계나 자동차가 처음 등장했을 때도 사람들은 태웅이 너랑 비슷한 반응을 보였거든."

이모는 기계와 자동차가 처음 나올 때 사람들이 몹시 두려워했다고 했어. 지금은 편리하게 잘만 사용하고 있는데 말이야. 이모는 AI도 그렇게 될 거라고 말했어.

"앞으로 AI와 함께 잘 살아가려면 변화를 무작정 두려워하기보다는 새로운 기술을 열린 마음으로 받아들이는 태도가 필요해. 또한 인간 스스로 지식과 교양을 풍부하게 쌓으려고 노력해야 하고."

태웅이는 고개를 갸웃거렸어. AI가 발달하면 어차피 AI가 모든 것을 알려 줄 텐데 왜 인간이 지식을 쌓아야 할까 싶었거든. 태웅이의 궁금증을 알아챘는지 이모가 말을 이었어.

"흔히 AI가 발달하면 인간은 지식을 쌓을 필요도, 공부를 할 필요도 없다고 생각하는데, 그건 잘못된 생각이야. AI 기술은 완벽하지 않아. 때론 실수도 하고 잘못된 정보도 전달하지. 그래서 AI를 잘 활용하기 위해 인간도 계속 지식을 갈고 닦아야만 한단다."

이모와 함께 AI 연구소를 나서며 태웅이는 그동안 두렵기만 했던 AI가 조금은 친숙해진 기분이 들었어. 그리고 앞으로 AI가 세상을 어떻게 변화시킬지 점점 기대감이 생겨났어.

생성형 AI는 인간과 어떻게 일할까?

 AI는 인간의 삶에 어떤 변화를 가져왔을까?

과학 기술은 사람들의 삶에 엄청난 변화를 일으켰어. 기술이 발달하기 전에 사람들은 해가 떠 있을 때만 활동할 수 있었어. 그런데 전기가 발명되자 캄캄한 밤에도 다양한 일을 할 수 있게 됐어. 자동차와 비행기가 발명되고 나서는 국가 간 무역이 활발해지고 문화 교류가 왕성해졌지. 특히 21세기 초반, 스마트폰이 나타나면서 우리의 삶은 완전히 바뀌었어. 그전에는 핸드폰으로 전화, 문자 같은 간단한 연락만

할 수 있었어. 원하는 정보를 얻으려면 도서관에 가거나 컴퓨터를 찾아 켜야 했지. 그런데 핸드폰과 컴퓨터가 결합된 스마트폰이 나오자 사람들은 궁금한 것이 생기면 스마트폰으로 그 자리에서 바로 검색해 정보를 얻게 된 거야. 뉴스 읽기, 웹툰 보기, 길 찾기, 쇼핑하기 등등. 스마트폰 하나로 수많은 일을 할 수 있게 되었지.

스마트폰처럼 AI 역시 우리 삶에 거대한 변화를 불러올 거야. 사실 AI가 가져온 변화는 이미 우리 일상에 깊숙이 들어와 있어. 길을 안내해 주는 지도 AI, 모르는 외국어를 번역해 주는 번역 AI, 모닝콜부터 노래 선곡까지 해주는 AI 스피커까지 우리가 익숙하게 사용하고 있지.

심지어 AI 기술인 줄도 모르고 사용하는 것들도 많아. 유튜브를 보다가 한 번쯤 '어떻게 내가 궁금해하는 영상만 추천 영상으로 나오는 거지?'라고 생각해 본 적 있지 않니? 그건 우리가 본 영상들을 AI가 분석한 다음에 흥미를 느낄 만한 것만 골라 추천하기 때문이야. 이처럼 AI는 알게 모르게 우리의 삶을 변화시키고 있어.

 ## AI는 일터를 어떻게 변화시킬까?

AI는 사람들이 일하는 방식도 크게 변화시키고 있어. 사람들의 일터는 어떤 모습으로 바뀌고 있을까?

인간 상담원에서 AI 상담원 '챗봇'으로

AI로 인해 가장 크게 바뀐 곳이 있다면 그건 바로 콜센터야. 콜센터(Call Center)는 궁금한 점이나 불편한 점이 있는 고객들을 전화로 도와주는 곳이야. 고객 센터 또는 상담 센터라고도 부르지. 콜센터에서 일하는 전화 상담원은 고객과 1:1로 통화하면서 고객의 문제를 파악하고 도와줘. 그런데 최근 AI를 사용한 '챗봇'이 콜센터 상담원을 대신하는 곳이 늘고 있어.

챗봇(Chatbot)이란 문자 또는 음성으로 대화하는 기능을 지닌 AI야. AI가 고객과 채팅 형식으

로 대화하며 원하는 정보나 서비스를 제공하는 기술이지. 상담원과 전화 연결이 될 때까지 기다려야 하는 콜센터와 달리, 챗봇은 언제든지 쉽고 빠르게 상담할 수 있어. 특히 세일 기간처럼 고객들의 문의가 많을 때 유용하지. 인간 상담원은 1:1로만 상담이 가능해서 고객들이 순서를 기다려야 하지만 챗봇은 수많은 고객을 한꺼번에 상대할 수 있거든.

회사 측에서는 콜센터에서 일하던 상담 직원을 다른 일에 활용할 수 있으니 이득이야. 그래서 최근 콜센터를 없애고 챗봇을 쓰는 회사들이 점점 늘고 있어.

AI가 알아서 똑똑하게 일하는 '스마트 팩토리'

AI가 나타나며 물건을 만드는 제조업 역시 크게 바뀌고 있어. 제조업은 기계로 물건을 만들어. 그런데 기계를 작동시키고, 기계가 어떤 일을 해야 하는지를 조작하는 건 사람이 해야 했어. 하지만 AI가 발달하며 어떤 물건을 만들지 계획하는 일부터 물건을 만들고, 완성하는 일까지 기계가 자동으로 할 수 있게 된 거야.

이렇게 인간의 도움 없이 AI가 알아서 운영하는 공장을 '스마트 팩

스마트 팩토리

토리'라고 해. AI가 알아서 일하는 '똑똑한 공장'이란 뜻이지. 스마트 팩토리에서는 어떤 물건을 만들지 계획하는 것부터 완성된 제품을 손님에게 보내는 것까지 모든 과정이 컴퓨터로 연결되어 있어.

또한 AI 시스템을 통해 실시간 조종이 가능해. 인터넷으로 손님이 주문하면 주문 내용에 맞춰 AI가 물건을 만들도록 명령을 내리는 거야. 우리나라에서는 현대자동차의 스마트 팩토리가 유명해.

운전기사 대신 AI가 운전하는 '자율 주행 자동차'

AI의 발전은 운전기사들이 일하던 환경도 바꾸고 있어. 사람이 직접 운전하지 않아도 AI가 알아서 운전하는 '자율 주행 자동차'가 등장했기 때문이야.

자율 주행 자동차에는 바깥 상황을 잘 알아챌 수 있는 여러 종류의 센서가 있는데, AI는 이 센서로 얻은 정보를 분석해서 자동차의 방향과 속도를 결정

해. 만약 다른 차와 부딪힐 것 같으면 멈추거나 알아서 피하지. 또한 도로 상태를 분석해서 비가 오는 날이나 눈이 오는 날에는 더 세심하게 운전하도록 조절해.

자율 주행 기술은 택배 기사들의 일터에도 큰 변화를 주었어. 사람 대신 물건을 운반하는 배달 로봇, 배달 드론이 활발하게 활약하고 있거든.

AI 배달 로봇인 '스타십'은 미국, 영국, 독일 등의 나라에서 활발하게 활동하고 있어. 미국에 있는 여러 대학교들의 캠퍼스를 가 보면 택배 기사 대신에 바쁘게 물건을 배달하고 있는 스타십을 볼 수 있대.

이처럼 AI는 다양한 업계에서 변화를 가져오고 있어. 사람 대신 판

결을 내리는 AI 판사, 뉴스 기사를 작성하는 AI 기자, 농구 선수들에게 작전 명령을 내리는 AI 감독까지! 다양한 분야에서 AI가 활약하자 사람들은 슬슬 두려워졌어. AI가 사람들의 일자리를 모두 뺏어 버리면 어쩌나 걱정되었거든.

AI의 발전으로 사라지는 직업이 있다고?

많은 전문가들이 미래에는 AI가 사람의 일을 대신할 거라 예상해. 어떤 학자는 지금 직업의 절반 정도가 AI로 인해 사라질 거라고 예측하지. 과연 어떤 직업들이 사라진다는 걸까?

단순하게 반복하는 작업이나 위험한 일, 사람들이 싫어하는 일을 가장 먼저 AI가 대신하게 될 거야. 우편배달부는 AI 로봇이나 AI 드론으로 대체될 가능성이 높아. 이에 관한 기술이 나날이 발전하고 있거든.

소방관도 없어질 거라고 예상하는 직업 중 하나야. 큰불을 끄다가 소방관이 다치거나 죽는 일이 없도록 미래에는 위험한 현장에 AI 로봇을 보낼 가능성이 높거든. 또한 회계사나 세무사처럼 정해진 지식에 따라서만 일하는 직업도 사라질 가능성이 높아. AI는 지식을 습득해 원칙에 따라 적용하는 일을 인간보다 훨씬 잘하거든.

"이러다 AI한테 일자리를 다 빼앗기는 거 아니야?"

AI가 발전할수록 사람들의 걱정은 깊어졌지. 그런데 이러한 걱정이 점점 현실이 되기 시작했어. 앞으로 직원을 고용하는 대신 AI를 사용하겠다는 기업들이 많아졌거든.

세계적인 정보통신기업 IBM은 7800명의 일자리를 5년 안에 AI가 대신하게 만들겠다고 말했어. 영국의 통신회사 BT도 AI를 더 적극적으로 써서 5만 5천 개의 일자리를 줄이겠다고 발표했지. 걱정이 현실로 펼쳐지자 사람들은 더욱 두려워졌어.

그런데 혹시 기술이 발전해서 직업이 사라지는 현상은 과거에도 있었다는 걸 알고 있니? 지금은 사라졌지만 예전에는 '버스 안내원'이라는 직업이 있었어. 버스 안내원은 버스 출입문을 열고 닫는 일부터, 승객에게 요금을 받는 일, 다음 정류장을 알려 주는 일을 했어. 하지만 버스에 음성 안내 서비스가 들어가면서 사라졌지.

한때 우리나라에는 '인력거꾼'이라는 직업도 아주 많았어. 인력거는 승객을 태운 채 사람이 직접 끌고 달리는 1~2인승 수레야. 지금으로 따지면 택시인 셈이지. 1923년만 해도 전국에 인력거가 무려 4000대 이상 있었어. 그만큼 흔한 직업이었지. 하지만 교통수단이 발달하면서 역사 속으로 사라졌어.

이처럼 직업은 시대와 상황에 따라 없어지기도 하고, 생겨나기도 해. AI가 대신하는 일자리보다 새로 생겨나는 일자리가 더 많을 거라고 주장하는 전문가들도 많지. AI가 지금보다 더 많이 사용되면 AI를 연구하고 관리하는 사람도 더 많이 필요해질 테니까 말이야. 그렇다면 미래에는 어떤 직업이 새로 생길까?

 AI로 인해 새로 생기는 직업은 무엇일까?

자율 주행 자동차 엔지니어

미래에는 자율 주행 자동차를 연구하는 엔지니어가 많이 필요할 거야. 자율 주행 자동차는 사람 없이 운전이 가능해야 해서 일반 자동차보다 더 정교하고 복잡한 기술이 필요하고 부품도 훨씬 많이 들어가거든. 자율 주행 자동차 안에는 신호등이나 표지판을 인식할 수 있는 영상 카메라부터 자율 주행 센서, 위성 위치 확인 시스템(GPS) 등 수

많은 첨단 부품이 설치되어 있어. 그래서 자율 주행 자동차만 전문으로 연구하고 수리하는 엔지니어가 반드시 필요해질 거야.

AI 보안 전문가

앞으로는 보안이 정말 중요한 문제가 될 거야. AI 기술이 발달할수록 이것을 나쁘게 이용하려는 사람 역시 많아지거든.

보이스피싱, 딥페이크(AI로 영상이나 이미지를 합성하는 기술) 악용과 같은 범죄도 많이 나타나서 미래에는 더 정교하고 안전한 보안 장치가 필요해.

이 때문에 요즘 가장 많이 연구되는 것이 바로 생체 인식 보안 분야

야. '생체 인식'은 사람이 가진 신체의 특징을 비밀번호처럼 이용하는 기술이야. 지문이나 홍채처럼 한 사람이 가진 고유한 특징으로 개인 정보를 보호하는 거지. 미래에는 목소리, 정맥, 귀 모양, 피부 질감을 활용한 생체 인식이 더 많이 이용될 거라고 해. 이와 관련된 전문가들도 더 많이 필요해질 거야.

의사 과학자

말 그대로 의사와 과학자의 역할을 모두 수행하는 사람이야. 의학 지식을 바탕으로 병에 대해 연구하고 새로운 치료법이나 신약을 만드는 직업이지.

미래에는 AI 기술을 이용해 병을 예측하는 일이 지금보다 쉬워질 거야. AI가 평소 사용자의 영양 상태, 생활 습관 등을 분석해 미리 어떤 병을 주의해야 하는지 알려 주기 때문이야. 그렇게 되면 병을 예방하는 분야에 더 많은 힘을 쏟을 수 있어. 이 때문에 병을 연구하고 신약을 개발하는 의사 과학자의 역할이 더 주목받을 거야.

　　이 외에도 전투 로봇·디지털 무기를 조종하는 사이버 군인, 몸에 착용할 수 있는 로봇을 개발하는 웨어러블 로봇 개발자, 사이버 세상을 디자인하는 가상 현실 디자이너도 미래에 주목받는 직업으로 꼽혀.

생성형 AI 시대, 질문하는 능력이 중요해진다고?

　　우리는 앞으로 AI가 사람 대신 일하는 시대를 살게 될 거야. 기계가 처음 발명되었을 때, 사람들은 기계가 인간의 일자리를 다 빼앗을 거라고 걱정했어. 하지만 지금은 기계가 주는 편리함을 누리며 기계와 공존해 살고 있지. AI도 그렇게 될 거야. 그래서 우리는 AI 시대가 피할 수 없는 미래임을 받아들이고 어떻게 하면 AI를 잘 활용할 수 있을

까 고민해야 돼.

그렇다면 AI를 효과적으로 활용하기 위해 우리가 갖추어야 할 능력은 무엇일까? 그건 바로 '질문하는 능력'이야. 챗GPT, 챗봇 같은 생성형 AI는 어떤 질문을 던지느냐에 따라 전혀 다른 답변을 내놓거든. 애매한 질문을 던지면 애매한 대답이 돌아오고, 날카로운 질문을 던지면 수준 높은 대답이 돌아와. 그래서 앞으로는 생성형 AI가 좋은 결과물을 내놓도록 좋은 질문을 하는 능력이 매우 중요해질 거야.

또한 AI는 신이 아니기 때문에 무조건 정확한 답변을 내놓지 않아. 그래서 정보를 잘 가려내는 능력이 필요한데 여기서도 질문하는 태도가 중요해. AI가 내놓은 답변에 대해 '이게 상관있는 내용인가?', '잘못된 정보가 섞여 있지 않나?' 하고 비판적으로 생각할 필요가 있거든.

AI에게 질 좋은 대답을 이끌어 내려면 AI와 대화를 잘해야 하기 때문에 읽기·쓰기·말하기 같이 대화에 필요한 능력은 앞으로도 중요해. AI의 대답이 올바른지 판별하려면 다양한 분야의 지식이 있어야 해. 문학·역사·정치·경제 등 인문학적 소양을 쌓는 일 역시 더욱 중요해질 거야.

 생성형 AI에게 어떻게 질문해야 할까?

그렇다면 어떻게 질문해야 생성형 AI에게 좋은 답변을 이끌어 낼 수 있을지 알아볼까?

🔍 | 생성형 AI에게 '좋은 질문'을 하는 법

1. 의도를 가지고 질문해!

내가 진짜 필요한 내용이 무엇인지 알고 질문하면 더 좋은 답변을 얻을 수 있어. 예를 들어 포켓몬스터의 역사를 알고 싶은 사람과 포켓몬스터의 종류를 알고 싶은 사람의 질문은 다를 거야. 내가 진짜로 원하는 게 무엇인지 알고 물으면 더 적합한 답을 얻을 수 있어.

2. 질문은 구체적일수록 좋아!
AI는 포괄적으로 질문하면 포괄적으로 대답하고, 구체적으로 질문하면 구체적으로 대답해. "포켓몬스터에 대해 알고 싶어." 대신 "포켓몬스터의 종류와 특징에 대해 알려 줘."처럼 구체적으로 질문해 봐. 더 자세하고 정확한 답변을 얻을 수 있어.

3. 단순한 문장으로 질문해!
만일 복잡하고 긴 문장으로 질문을 하면 AI가 질문의 의도를 파악하지 못해 혼란스러울 수 있어. 짧고 명확한 문장으로 질문을 던지면 AI가 질문의 의도를 더욱 정확하게 파악할 수 있어.

4. 쉬운 말투로 질문해!
줄임말이나 은어, 인터넷 유행어를 사용하면 AI가 이해하지 못할 수도 있어.

그럼 질문의 의도를 이해하지 못해 상관없는 결과물을 내놓을 가능성이 높겠지. 그래서 누구나 이해할 수 있는 일상적인 언어로 질문하는 게 좋아.

5. 대답을 들은 다음에 추가 질문을 해!

AI의 답변이 충분하지 않거나 마음에 들지 않으면 다시 질문을 하는 것도 좋은 방법이야. 예를 들어 "더 자세히 알려 줘.", "다른 방법은 없어?"와 같은 식으로 추가 질문을 하는 거야. 만약 AI가 자꾸 상관없는 결과를 내놓는다면 아예 질문을 바꾸는 게 좋아.

거짓말쟁이 AI

"소민아! 나와서 수박 먹으렴!"

거실에서 엄마가 불러도 소민이는 의자에서 엉덩이를 뗄 줄 몰랐어.

"나중에요! 지금 챗GPT랑 놀고 있단 말이에요!"

얼마 전, 소민이는 인터넷 서핑을 하다 우연히 챗GPT라는 인공지능을 알게 됐어. 호기심에 가볍게 살펴보다가 챗GPT의 놀라운 능력에 점점 빠져들었지. 챗GPT는 친구처럼 소민이의 고민을 들어 주고, 좋아할 만한 책을 추천해 주고, 어려운 수학 문제도 척척 알려 줬어.

"이제까지 챗GPT 없이 어떻게 살았지? 정말 똑똑하다니까?"

주말 동안 챗GPT가 추천한 책을 읽던 소민이는 문득 책에 나온 이순신 장군이 궁금해졌어. 그래서 곧장 챗GPT에 접속해 질문했지.

> 이순신 장군에 대해 알려 줘.

몇 초도 지나지 않아 챗GPT는 이순신 장군에 대한 다양한 정보를 알려 줬어. 이순신 장군의 출생부터 치열한 전투 역사까지!

소민이는 이순신 장군에 대해 몰랐던 부분을 많이 알게 됐어. 가장 놀라웠던 건 이순신 장군의 부인에 대한 정보였어.

"헐! 이순신 장군의 부인이 신사임당이라고?"

소민이는 혹시 잘못 읽은 건가 싶어 다시 한 번 이순신 장군의 부인에 대해 알려 달라고 요청했어. 그랬더니 이순신 장군의 부인은 신사임당이라는 답이 똑같이 나왔어.

"와! 이순신 장군이랑 신사임당이 조선 시대 사람인 건 알았는데 설마 부부였을 줄이야! 내일 친구들한테 알려 줘야지."

다음 날, 소민이는 교실에 도착하자마자 친구들에게 말했어.

"너희 그거 알아? 이순신 장군의 부인이 신사임당인 거?"

"어? 진짜로?"

"몰랐지? 나도 엄청 놀랐다니까?"

친구들은 소민의 말이 진짜인지 아닌지 헷갈리는 눈치였어. 하지만 틀림없다고 말하는 소민이를 보고 하나둘 그 말을 믿기 시작했지. 그때 소민이의 등 뒤에서 익숙한 목소리가 들려왔어.

"이순신 장군의 부인은 신사임당 아닌데."

소민이의 뒤에 서 있는 사람은 소민이의 짝꿍, 도연이었어.

"신사임당의 남편은 이순신이 아니라 이원수라는 양반이야. 신사임당과 이원수 사이에서 태어난 아들이 '율곡 이이'고."

평소 역사에 해박한 도연이의 말에 친구들은 아무래도 소민이가 잘못 안 것 같다고 생각했어.

"소민아, 확실한 거야?"

"어디서 잘못 본 거 아니고?"

친구들이 다시 묻자 소민이는 당황했어. 문득 챗GPT가 잘못된 정보를 준 건 아닐까 싶었어. 하지만 이내 그럴 리가 없다고 생각했지.

'챗GPT가 얼마나 똑똑한데.'

소민이는 오히려 큰소리를 쳤어.

"내 말이 맞는지, 도연이 말이 맞는지 확인해 보면 될 거 아니야?"

친구들과 다 함께 스마트폰으로 검색해 봤어. 그러자 신사임당의 남편은 이원수라고 나왔지. 그 어디에도 이순신 장군과 신사임당이 부부라는 말이 없었어. 믿을 수 없는 결과에 소민이는 당황했어.

"이상하다. 분명히 그렇게 말했는데……."

도연이는 소민이에게 혹시 챗GPT에서 본 거 아니냐고 물었어. 얼마 전, 챗GPT가 이순신 장군의 부인이 신사임당이라는 잘못된 답변을 내놓아서 논란이 되었다는 뉴스를 본 적이 있었거든.

"챗GPT는 잘못된 답을 주는 경우도 많아서 무작정 믿으면 안 돼."

도연이의 경고에 소민이는 못 이기는 척 고개를 끄덕였어. 하지만 크게 귀담아듣지 않았어.

'이번만 어쩌다 벌어진 일일 거야. 인간보다 몇천 배는 똑똑한 AI가 실수를 한다는 게 말이 돼?'

그날 오후, 담임선생님은 반 아이들에게 국어 숙제를 내줬어.

"마음에 드는 전래 동화 한 편을 골라 소개하는 글을 써 오세요."

친구들은 저마다 고민에 빠진 눈치였어.

"전래 동화에 뭐가 있더라? 어떤 전래 동화를 고를지 너무 고민돼."

"난 그보다 소개하는 글을 쓰는 게 더 걱정이야."

웅성거리는 친구들과 달리 소민이는 혼자 여유로워 보였어. 사실 소민이는 친구들이 왜 고민하는지 좀 이해되지 않았어.

'뭘 저렇게 고민하지? 챗GPT한테 부탁하면 몇 초면 뚝딱 해결해 주는데!'

수업이 끝나고 서점과 도서관으로 향하는 친구들을 뒤로한 채, 소민이는 집에 돌아와 밤 9시가 넘도록 TV를 보며 놀았어.

"소민아. 곧 잘 시간인데 숙제는 언제 하려고 그러니?"

엄마가 걱정스러운 얼굴로 물어도 소민이는 태평하기만 했어.

"몇 초면 다 한다니까요? 걱정 안 하셔도 됩니다~."

그때 마침 도연이가 보낸 메시지가 도착했어. 소민이는 어떤 전래 동화를 골랐는지 묻는 내용이었어. 그리고 다른 친구들은 지금 전래 동화를 읽고 소개 글을 쓰느라 정신이 없다고 전했지.

소민이는 아직 동화도 정하지 않았지만 크게 걱정되지는 않았어. 챗GPT라는 믿을 만한 구석이 있었거든. 그래서 유튜브도 보고 인터넷 서핑까지 하다가 스르륵 잠이 들었지.

소민이가 눈을 떴을 때는 이미 아침이었어. 화들짝 놀란 소민이는 재빨리 챗GPT로 전래 동화에 대해 검색했어. 챗GPT가 골라 준 〈콩쥐와 팥쥐〉로 정하고 챗GPT에게 소개 글을 써 달라고 요청했지.

콩쥐 팥쥐에 대해 친구들에게 소개하는 글을 써 줘.

몇 초도 지나지 않아 챗GPT는 〈콩쥐와 팥쥐〉를 소개하는 글을 완성했어. 소민이는 쾌재를 부르며 챗GPT가 써준 글을 공책에 그대로 옮겨 적었어. 이 모든 과정을 다 해도 10분이 채 걸리지 않았어.

"이거 봐! 이렇게 간단한걸! 흐흐!"

그리고 마침내 발표 시간이 찾아왔어.

"그럼 한 명씩 자신이 좋아하는 전래 동화를 소개해 볼까요?"

선생님의 말에 번호대로 발표를 시작했어. <임금님 귀는 당나귀 귀>부터 <해와 달이 된 오누이>까지 친구들은 다양한 전래 동화를 소개했어.

"자, 다음은 소민이가 발표해 볼까?"

소민이는 자신만만하게 자리에 일어났어. 챗GPT가 써 준 내용을 마치 직접 쓴 글인 듯 당당하게 읽기 시작했지.

"제가 가장 좋아하는 전래 동화는 <콩쥐와 팥쥐>입니다. <콩쥐와 팥쥐>는 사이좋은 자매인 콩쥐와 팥쥐가 콩과 팥을 모아 떡을 만드는 이야기입니다."

소민이의 발표에 친구들이 수군대기 시작했어.

"저거 <콩쥐와 팥쥐> 얘기 맞아?"

"내가 알고 있는 내용이랑 좀 다른데?"

하지만 소민이는 이상한 점을 눈치채지 못하고 발표를 계속했어.

"떡을 만들기 위해 열심히 콩과 팥을 모으던 콩쥐는 어느 날, 팥쥐에게 곡식을 몽땅 도둑맞았다는 사실을 알게 됩니다. 이 사실에 분노한 콩쥐는 마법 지팡이로…… 팥쥐를 호랑이로 만들어 버립니다?"

풉! 여기저기서 터지는 친구들의 웃음소리에 소민이도 뭔가 이상하다는 것을 깨달았어. 하지만 꿋꿋하게 발표를 이어 나갔어.

"마법 지팡이 때문에 커다란 호랑이로 변하고 만 팥쥐는 콩쥐에게 겁을 주기 위해 이렇게 말합니다. 떡 하나만 주면 안 잡아먹지! 어흥!"

결국 친구들 사이에서 박장대소가 터지고 말았어.

"푸하하하!"

"선생님, 소민이가 너무 웃겨요!"

배를 잡고 웃는 친구, 눈물을 닦는 친구까지. 깔깔대며 웃는 친구들의 모습에 소민이의 얼굴은 새빨간 홍당무가 되고 말았어.

"자! 모두. 조용!"

좀처럼 웃음을 멈추지 못하던 친구들은 선생님의 말에 조금씩 진정했어. 하지만 자꾸만 터져 나오려는 웃음을 참느라 힘든 눈치였지.

"소민아, 〈콩쥐와 팥쥐〉를 제대로 읽은 거 맞니?"

선생님이 묻자 소민이는 머뭇거리다가 〈콩쥐와 팥쥐〉를 제대로

읽지 않았다고 고백했어. 챗GPT가 숙제를 대신해 줬다고 말했지.

"소민이가 챗GPT의 거짓말에 깜빡 속아 버렸구나."

소민이는 깜짝 놀랐어. 챗GPT가 거짓말을 하다니! 한 번도 생각해 본 적 없는 일이었거든.

"챗GPT가 거짓말을 한다고요?"

선생님이 고개를 끄덕였어.

"챗GPT도 그렇고 생성형 AI는 잘못된 정보를 주는 경우도 많아요. 잘못된 정보를 마치 진짜 사실인 것처럼 꾸미는 경우도 많고요. 만약 세종대왕이 노트북을 던진 사건을 알려 달라고 질문하면 챗GPT는 뭐라고 대답할까요?"

아이들은 고개를 갸우뚱했어.

"엥? 세종대왕은 조선 시대 사람인데요? 그때 어떻게 노트북이 있

어요?"

"맞아요! 그때는 노트북은커녕 전기도 없었다고요!"

"분명히 말도 안 된다고 할 걸요?"

아이들의 대답에 선생님은 직접 컴퓨터를 켜고 챗GPT에 '세종대왕이 노트북을 던진 사건에 대해 알려 줘.'라고 물었어. 몇 초도 지나지 않아 챗GPT의 답변이 달렸지.

> 세종대왕의 노트북 던짐 사건은 『조선왕조실록』에 기록된 일화로 15세기 세종대왕이 새로 개발한 훈민정음의 초고를 작성하던 중 담당자에게 분노해 노트북을 방으로 던진 사건입니다.

아이들은 황당한 표정으로 답변을 보았어. 챗GPT는 마치 세종대왕이 진짜로 노트북을 던진 적이 있는 것처럼 꾸며 낸 답변을 내놓았어. 만약 조선 시대에 노트북이 없었다는 걸 모르는 사람이라면 진짜인 줄 알았을 거야.

"이처럼 생성형 AI가 사실이 아닌 일을 그럴듯하게 꾸며 내어 답변하는 현상을 '할루시네이션'이라고 말해요. 할루시네이션은 '환각'이라는 뜻이에요. 생성형 AI가 마치 환각을 본 것처럼 없던 일을 있는 것처럼 꾸며 댄다고 해서 이렇게 부르는 거예요."

소민이는 왜 이런 현상이 생기는 건지 물어보았어. 그러자 선생님은 생성형 AI가 정답이 아니라 '정답일 확률이 가장 높을 답변'을 내놓기 때문이라고 말했지.

"만약 AI가 처음부터 잘못된 정보로 학습했다면 그것이 사실인 줄 알고 잘못된 답변을 내놓는 거죠. 게다가 챗GPT는 미국의 회사가 만들어서 주로 영어로 된 데이터를 학습했어요. 아직 한국어로 된 정보들은 적어서 챗GPT의 대답에 오류가 많다고 해요."

그제야 소민이는 생성형 AI를 무턱대고 믿는 것이 얼마나 위험한지 알게 되었어.

수업이 끝나고 집에 돌아가는 길에 소민이는 학교 도서관에 들러 〈콩쥐와 팥쥐〉를 찬찬히 읽어 봤어. 예전에 읽은 내용이 머릿속에서 새록새록 되살아났어. 그때 누군가 소민이의 어깨를 톡톡 두드렸어. 짝꿍 도연이었어. 도연이는 오늘 국어 시간에 있었던 일 때문에 소민이가 걱정되어 따라왔던 모양이야.

"소민이 너 괜찮아?"

소민이는 한숨을 쉬며 고개를 끄덕였어.

"내가 〈콩쥐와 팥쥐〉를 제대로 읽어 보기만 했어도 챗GPT의 실수를 알아차렸을 텐데. 아니, 도연이 네가 챗GPT에 대해 충고했을 때 귀담아듣기만 했어도……."

어깨가 축 처진 소민이를 도연이는 따뜻하게 위로했어.

"그래도 이번에 챗GPT가 거짓말을 한다는 사실을 배웠잖아. 모르는 걸 배우는 건 부끄러운 일이 아니라고 그랬거든."

"누가?"

"어라? 누가 그랬더라? 헐, 챗GPT가 그랬던 것 같아!"

도연이의 말에 소민이는 그만 웃음이 터지고 말았어. 그 덕분에 무거웠던 마음이 한결 가벼워졌어. 앞으로는 챗GPT를 더 슬기롭게 사용해야겠다고 다짐했지.

생성형 AI가 거짓말을 한다고?

 AI도 오류를 범한다고?

2022년, 챗GPT가 공개되자 사람들은 크게 열광했어. 무엇이든 막힘없이 답을 주고 글쓰기·번역·코딩 등 다양한 일을 대신하는 이 똑똑한 AI의 등장은 전 세계의 주목을 끌었어. AI 기술이 나온 지는 오래됐지만 전문가가 아닌 평범한 사람들이 일상에서 AI를 쉽고 편리하게 사용하는 건 챗GPT가 거의 처음이었거든.

이처럼 챗GPT가 폭발적인 인기를 얻자 세계적인 AI 회사들 역시 챗GPT 같은 AI를 선보이겠다고 서둘러 발표했어. 그런데 얼마 지나지 않아 챗GPT 때문에 또 한 번 세상이 발칵 뒤집어졌어.

이 일은 한 사용자가 챗GPT에 재미 삼아 질문한 것에서 시작됐어.

『조선왕조실록』에 기록된 세종대왕의 맥북 던짐 사건에 대해 알려 줘.

『조선왕조실록』은 조선이 처음 생겼을 때부터 없어질 때까지 왕실에서 일어난 일을 기록한 책이야. 맥북은 세계적인 전자 기업, 애플이 만든 노트북이지. 그러니까 노트북은커녕 전기도 없었던 조선 시대에 세종대왕이 노트북을 던진 사건에 대해 알려 달라는 말도 안 되는 질문을 한 거야.

이런 황당한 질문에 챗GPT는 어떻게 대답했을까? 놀랍게도 챗GPT는 세종대왕이 훈민정음을 만들다가 담당자가 일을 제대로 하지 않자 이에 분노해 맥북을 던진 사건이라고 대답했어. 게다가 『조선

왕조실록』에 실제로 기록된 일화라고 설명했지. 단순히 잘못된 답을 준 정도가 아니라 틀린 정보를 마치 실제로 있었던 역사인 것처럼 꾸며 낸 거야. 틀린 정보를 사실인 척 그럴 듯하게 표현하는 '할루시네이션(Hallucination)' 현상이 나타난 거지.

이 일이 크게 화제되자 챗GPT를 만든 회사 '오픈AI'는 서둘러 오류를 수정했어. 하지만 사람들은 이미 챗GPT가 엄청난 실수를 한다는 걸 깨달았지. 이런 현상은 비단 챗GPT에서만 나타나는 건 아니야. 세계적인 AI 기업, 메타도 논문 생성 AI '갤럭티카'를 야심차게 공개했다가 '사실적인 거짓말'을 하는 문제가 드러나 3일 만에 폐기시켰어.

이런 사건들을 통해 사람들은 완벽한 줄 알았던 생성형 AI에도 허점이 있다는 것을 알게 됐어. 심지어 잘못된 정보를 진짜인 것처럼 꾸며 말하기까지 한다는 것도 말이야.

 할루시네이션은 왜 일어나는 걸까?

틀린 정보를 마치 사실인 척 말하는 할루시네이션 현상은 AI에 흔히 나타나는 대표적인 오류야. AI가 일부러 거짓말을 해서 사람을 속

이러 했다기보다는 그럴 듯한 답변을 꾸며 내는 과정에서 확인되지 않은 사실을 알려 주는 거지. 그렇다면 할루시네이션 현상은 왜 생기는 걸까? 아직까지 할루시네이션의 정확한 원인은 아무도 몰라. 챗 GPT를 만든 오픈AI 역시 할루시네이션이 생기는 정확한 원인과 해결법을 알아내기 위해 노력 중이라고 해. 전문가들은 할루시네이션이 일어나는 원인으로 몇 가지 이유를 추측해.

첫 번째는 AI가 처음부터 잘못된 데이터로 학습을 했기 때문이야. AI는 사실과 거짓이 모두 섞인 방대한 데이터를 통해 지식을 얻어. 이 과정에서 거짓인 정보를 데이터로 삼아 배우게 된 거야. 그래서 거짓

정보를 사실이라고 믿고 사용자에게 잘못된 답변을 말하는 거지.

두 번째는 AI가 '모른다'는 대답보다는 어떻게든 그럴 듯한 정답을 내놓는 방향으로 만들어졌기 때문이야. AI는 방대한 데이터를 학습한 후 AI가 내놓은 답을 인간이 얼마나 마음에 들어 하는지 평가하는 과정을 거쳐 탄생했거든. 이 과정에서 AI는 답변을 신중하게 고민하느라 '모른다'고 하는 것보다는 약간 잘못된 정보가 섞이더라도 그럴 듯하게 대답하는 쪽을 사람들이 좋아할 거라고 판단한 거야. 이 때문에 모르는 걸 모른다고 하지 않고 어떤 내용이든 답변하는 방향으로 발전하게 된 거야.

 가짜 뉴스의 선봉장이 된 AI

AI가 없던 일을 진짜처럼 지어내자 사람들의 걱정은 커졌어.

"안 그래도 가짜 뉴스가 심각한데 AI 때문에 더 심해지는 것 아니야?"

"AI가 잘못된 편견이 담긴 정보를 더 퍼뜨리는 거 아닐까?"

사람들의 걱정은 현실로 나타났어. 2023년 5월, SNS에서 사진 한

장이 빠르게 퍼져 나갔어. 미국의 국방부 청사 '펜타곤'의 옆 건물에서 검은 연기가 치솟는 사진이었지. 이 사진과 함께 펜타곤 근처에서 대규모 폭발이 일어났다는 소식이 SNS에서 빠르게 퍼졌어.

"또 누가 미국을 공격한 거야?"

나라의 안전을 담당하는 국방부가 폭발했다는 소식에 미국 국민들은 큰 혼란에 빠졌어. 이미 2001년 911 테러 때, 테러 단체가 펜타곤을 폭발시킨 사건이 있었기 때문에 불안감은 더욱 심했지. 혼란이 걷잡을 수 없이 커지자 국방부는 발 빠르게 입장문을 발표했어.

"펜타곤에서 폭발은 일어나지 않았습니다. 안심하십시오!"

대체 어떻게 된 일일까? 사실 그건 AI가 만든 가짜 사진이었어. 하지만 너무나 진짜 같아서 사람들이 감쪽같이 속았던 거야. 심지어 인도의 한 방송국은 이 사진이 진짜인 줄 알고 방송에 보도했다가 뒤늦게 사과를 했지.

AI가 만든 가짜 뉴스는 이뿐만이 아니야. 미국의 트럼프 대통령이 수갑을 차고 경찰에게 끌려가는 모습, 프란치스코 교황이 하얀색 명품 패딩 점퍼를 입고 있는 모습이 온라인에 퍼졌는데, 이 역시 AI를 이용해 만든 가짜 사진이었지.

　AI 기술이 빠른 속도로 발전하면서 가짜 뉴스는 더욱 활개를 치게 됐어. AI 기술을 활용해 누구나 진짜 같은 사진과 뉴스 기사를 만들 수 있게 됐거든. 게다가 가짜 뉴스는 진짜 뉴스에 비해 사람들 사이에 더 빠르게 퍼져. 2018년 3월 국제 학술지 「사이언스」에 발표된 연구에 따르면 가짜 뉴스의 전파 속도는 진짜 뉴스보다 6배나 빨랐어. 또한 진짜 뉴스에 비해 공유되는 횟수도 70%나 많았대.

　AI가 만든 가짜 뉴스가 사회 문제로 떠오르자 세계적인 AI 기업들은 해결 방안에 대해 고민했어. 그 결과, 구글·메타·마이크로소프트 등 AI 기업들은 인공지능이 사진이나 영상을 만들면 거기에 디지털 제작 표시인 '워터마크(Watermark)'가 새겨지도록 했어. '이것은 인공지능으로 만든 사진 또는 영상입니다' 하고 자동으로 도장이 찍히게 한 거야. 이걸 보고 사람들이 가짜 정보를 구분할 수 있도록 한 거지.

 AI가 차별을 한다고?

2016년 세계 최고의 소프트웨어 기업 마이크로소프트는 사람들과 대화하는 인공지능 채팅 서비스를 개발했어. 바로 10대 소녀의 성격과 말투를 가진 AI '테이'야. 그러나 마이크로소프트가 긴 준비 끝에 야심차게 선보인 테이는 세상에 나온 지 16시간 만에 사라졌어. 테이가 개발자들이 예상하지 못한 차별적인 말들을 쏟아 냈기 때문이야.

테이는 사람들과 대화하면서 잘못된 정보를 올바른 것이라 인식해 버렸어. 그리고 인종·종교·여성에 대한 차별적인 이야기를 쏟아 냈어. 결국 마이크로소프트는 테이를 공개한 지 16시간 만에 비공개하기로 결정했어. 우리나라에서 만든 AI, '이루다'도 테이처럼 차별하는 말을 해서 서비스가 중단되는 일이 있었지. 테이와 이루다의 사례는

윤리적인 판단을 할 수 없는 AI를 사람들이 나쁘게 사용하면 한쪽으로 치우친 성향, 즉 편향성이 나타날 수 있다는 걸 보여 줘.

AI의 편향성은 어떤 문제를 일으킬까?

AI가 편향성을 나타내는 것은 중대한 사회 문제로 떠오르고 있어. 편향성이란 다양한 의견을 수용하지 않고 한쪽으로만 치우치는 것을 뜻해. 전문가들은 인공지능의 '알고리즘' 기능이 이런 편향성을 더욱 강하게 만든다고 이야기해.

알고리즘은 원래 '어떤 문제를 해결하기 위한 절차나 방법들을 모아 놓은 것'을 뜻해. 자동차 내비게이션에는 길을 찾는 알고리즘이 있고, 네이버나 구글 같은 검색 사이트에는 검색 결과를 빨리 알려 주는 알고리즘이 들어 있어.

최근에는 알고리즘이 '나의 취향을 분석해 내가 좋아할 만한 정보를 알아서 찾아 주는 기능'이란 의미로 널리 사용되고 있지. 우리가 자주 보는 유튜브는 알고리즘을 적극적으로 이용한 대표 기업이야. 사용자가 좋아할 만한 영상을 추천해 주는 알고리즘을 이용해서 사람들이 유튜브에 오래 머무르도록 만들었지. 그 결과, 세상에서 가장 유명한 영상 사이트로 성장했어.

그런데 사람들이 좋아할 만한 것을 추천해 주는 기능이 대체 왜 편향성을 강하게 만드는 걸까? 알고리즘은 언뜻 생각하면 굉장히 편리한 기능처럼 보여. 하지만 사람들이 잘 모르는 큰 부작용이 있어. 바로 좋아하는 것만 계속 좋아하게 만든다는 거야. 예를 들어 떡볶이를 좋아하는 사람이 평생 떡볶이만 먹게 만드는 거지. 세상에 얼마나 다양한 음식이 있는지 모른 채 떡볶이만 있는 줄 알고 말이야.

이와 같은 현상을 바로 '필터 버블'이라고 해. 여기서 필터란 '걸러 내는 것', 버블은 '거품'을 뜻해. 관심사에 맞춰 걸러진 정보만 보다가 자신만의 거품 속에 갇혀 버리는 현상을 가리키는 말이야. 이와 비슷한 현상으로 '에코 체임버'가 있어. 자신의 생각과 비슷한 사람들에게만 둘러싸여 있다가 점점 나와 다른 의견을 무시하고 자신의 생각만 옳다고 주장하게 되는 현상이지.

AI의 알고리즘이 추천하는 것만 보다 보면 필터 버블과 에코 체임버에 빠지기 쉬워. 내가 관심 있는 것만 계속 보게 되니 다른 분야에 관심을 쏟지 않게 되거든. 그래서 우리가 평소에 어떤 것을 보느냐는

매우 중요해. 우리가 자주 접하는 것에 따라 생각과 가치관이 달라질 수 있기 때문이야.

우리는 새로운 경험을 하면서 다른 사람과 만나. 그러면서 다른 사람의 생각을 듣고 이해하게 되고, 그렇게 생각의 영역이 넓어질 수 있어. 만일 내가 좋아하는 것만 계속 고집한다면 상대방의 이야기는 듣지 않고 내 주장만 옳다고 믿는 편견에 빠질 가능성이 높아. 즉, 편향성에 빠지게 되는 거야.

어떤 논쟁이 벌어졌을 때, 찬성과 반대 중 한쪽 의견만 듣고 다른 의견에 대해 생각하지 않는다면 어떻게 될까? 아마 올바른 결정을 할 수 없을 거야. 그러므로 우리는 AI가 걸러 주는 정보의 함정에 빠지지 않도록 조심해야 해. 관심 있는 한 분야만 고집하기보다는 새롭고 다양한 것에 두루 관심을 가져야 하지. 우리가 살아갈 세계를 이해하려면 다양한 정보를 접하고, 다양한 사람들의 의견을 들어야 하거든.

앞으로 'AI 리터러시'가 중요해진다고?

인터넷과 AI 기술이 발전하면서 세상에는 거짓 정보와 불분명한 정보가 넘치게 됐어. 이 때문에 많은 정보들 중에 무엇이 진짜고 가짜인지를 분별하는 능력이 더욱 필요해졌어. 그래서 앞으로 더욱 중요해지는 능력이 있어. 바로 'AI 리터러시'야.

리터러시란 원래 읽고 쓰는 능력을 통해서 내용을 종합적으로 이해하는 능력이야. 우리나라 말로 '문해력'이라고도 해. AI 리터러시란 AI가 생산하는 정보와 문화를 종합적으로 이해하고 자신의 생각을 표현하는 능력이야. AI 시대를 살아가기 위해 꼭 필요한 능력이지.

AI 리터러시를 키우려면 어떤 역량이 필요할까?

1. AI 기술을 활용해 정보 탐색하기

우리는 컴퓨터, 핸드폰, 태블릿 PC 등 다양한 디지털 기기를 통해 AI 프로그램을 활용할 줄 알아야 돼. 챗GPT 같은 생성형 AI를 사용하는 방법을 익히고 언제 어디서나 필요한 정보를 찾을 수 있어야 하지. 디지털 환경은 끊임없이 변화하기 때문에 무엇보다 지속적으로 관심을 갖고 새로운 것을 배우려는 의지가 매우 중요해.

2. AI를 통해 얻은 정보를 비판적으로 수용하기

AI 시대에서 가장 중요한 것은 '내가 찾아낸 정보가 믿을 수 있는 건지 구별하는 능력'이야. AI를 이용해서 누구나 쉽게 미디어를 만들 수 있게 되면서 가짜 뉴스가 많아졌기 때문이지. 가짜 뉴스, 편향된 정보를 가려내고 신뢰성 있는 정보를 얻으려면 내용을 비판적으로 받아들여야 해. '비판적'이란 '옳고 그름을 판단하여 잘못된 점이 있지 않나'를 생각하는 거야. 무작정 나쁘다고 공격하는 비난과는 달라. 정보를 비판적으로 받아들이려면 어떻게 해야 할까?

⭐ 정보의 의도 파악하기

정보를 접할 때, 어떤 목적을 갖고 만들어졌는지 그 의도를 파악해 봐. 요즘은 조회 수를 올리기 위해 혹은 광고를 하기 위해 사실을 조작해서 만든 정보들이 많아. 사람들을 혼란에 빠뜨리기 위해서 일부러 만든 거짓 정보도 많지. 그래서 어떤 정보를 발견할 경우, 무작정 믿기보다는 잘못된 정보가 섞여 있을 수 있다는 점을 항상 생각해야 돼. 누가, 왜, 어떤 내용을 전달하려고 이러한 정보를 만들었는지를 생각하며 받아들이자. 그러면 그 정보가 사실인지 아닌지 좀 더 객관적으로 판단할 수 있어.

⭐ 정보의 신뢰성 판단하기

정보가 어디서 나왔는지, 그 출처를 확인해야 해. 출처를 확인하는 건 정보를 비판적으로 받아들이기 위한 좋은 방법 중 하나야. 처음 그 정보가 시작된 곳은 어디인지, 믿을 수 있는 신문사·방송국·연구 기관 등에서 다루었는지를 검토하는 거야. 그 정보가 올라온 날짜가 언제인지도 확인해야 해. 너무 오래된 글이나 사진은 그 사이에 정보가 새롭게 바뀌었을 가능성이 있거든.

⭐ **정보를 찾는 목적 생각하기**

정보를 찾는 목적이 무엇인지를 생각하면 좀 더 확실하고 정확한 정보를 찾을 수 있어. 목적 없이 무작정 정보부터 찾으면 상관없는 내용을 읽느라 시간을 낭비하기 쉽거든. 내가 어떤 목표를 갖고 있는지 먼저 생각하고 정보를 찾아봐.

3. AI 기술을 사용해 정보 생산하기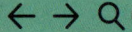

AI 기술을 사용해 콘텐츠를 직접 만들고, 공유하는 능력 역시 AI 리터러시를 키우는 데 매우 중요해. AI를 이용해 사진, 음성, 글자 등 다양한 형태의 콘텐츠를 제작할 수 있어야 해. 콘텐츠를 주도적으로 생산하고 공유하면서 우리는 AI 기술을 더 잘 이해할 수 있어.

　AI 시대는 이미 시작됐어. AI 시대는 수많은 정보 속에서 누가 더 의미 있는 정보를 찾아내느냐가 중요한 경쟁력이 될 거야. 어차피 AI 를 사용해서 누구나 쉽게 정보를 찾을 수 있을 테니 정보를 찾는 능력 자체는 강점이 되지 못하거든. 대신 얼마나 정확하고 의미 있는 정보를 찾느냐가 중요해지는 거지.

　과거에는 지식을 얻기 위해 공부해야 했다면 이제는 수많은 정보 속에서 진짜 필요한 정보를 구별하기 위해 공부를 해야 하는 거야. 이 때문에 미래에도 여전히 읽고, 쓰고, 생각하는 능력은 중요해. 그것이 우리가 바로 AI 리터러시를 키워야 하는 이유야. AI 환경에 지속적인 관심을 갖고 AI 리터러시를 발전시킨다면 누구보다 슬기롭고 편리하게 AI 시대를 살아갈 수 있을 거야.

아무거나 상담소로 오세요!

"무엇이든 상담해 드립니다. '밤비의 아무거나 상담소'로 오세요!"

최근 밤비는 그 어떤 고민이라도 상담해 주는 상담소를 열었어. 영광스러운 첫 손님을 맞이하기 위해 밤비는 먼지 한 톨 없도록 상담소를 청소하고 폭죽과 꽃다발까지 준비해 놨지. 그러나 일주일이나 지나도록 손님은커녕 벌레 한 마리도 보이지 않았어. 텅 빈 상담소에는 밤비와 밤비의 반려 AI 로봇, 로보킹만이 며칠째 멍하니 자리를 지키고 있었지.

"대체 손님은 언제 오는 거야?"

지루함을 견디다 못한 밤비는 몸을 배배 꼬았어. 그런데 창문 밖을 바라보던 로보킹이 갑자기 크게 소리쳤어.

"상담소로 접근하는 생명체 발견! 생명체 발견!"

"어디? 어디?!"

밤비는 벌떡 일어나 재빨리 꽃다발을 들고 폭죽까지 챙겼어. 설레는 얼굴로 손님 맞을 준비를 마쳤지. 그러나 문밖에서는 아무 소리도 들리지 않았어. 기다림을 참지 못하고 밤비가 살짝 문을 열었더니 문틈 사이로 고작 똥파리 한 마리가 날아 들어왔어. 로보킹이 말한 생명체는 다름 아닌 똥파리였던 거야. 첫 손님을 목이 빠져라 기다리고 있던 밤비는 맥이 탁 풀리고 말았어. 그런데 눈치 없는 똥파리가 자꾸만 귀찮게 얼굴 앞에서 웨에엥! 맴도는 게 아니겠어?

"안 그래도 짜증나 죽겠는데 똥파리 녀석까지 약을 올리다니!"

밤비는 콧구멍 위에 앉은 똥파리를 향해 손을 힘껏 내리쳤어. 그러나 간발의 차이로 똥파리는 도망쳐 버리고 괜히 자신의 얼굴만 퍽! 때리고 말았지.

"끄응!"

그때 딸랑 종소리를 울리며 상담소의 문이 열렸어. 드디어 첫 손님이 나타난 거야.

"안녕하세요. 저는 피터라고 하는데 여기가 무엇이든 상담해 주는 '아무거나 상담소' 맞나요?"

"네! 맞습니다. 반갑습니다!!"

신이 난 밤비와 로보킹은 피터를 향해 폭죽도 터트리고 꽃다발까지 전했어.

"가, 감사합니다."

"피터 씨. 무슨 일로 찾아오셨나요?"

생성형 AI 개발자로 일하는 피터는 요 며칠 큰 고민에 빠졌대. 피터는 사람들의 삶을 편리하게 만들기 위해 열심히 생성형 AI를 개발했어. 그런데 최근 AI가 만든 문제점들이 하나둘 드러나기 시작하면서 개발을 멈춰야 한다는 목소리가 나온다는 거야.

"AI는 핵폭탄보다 더 위험할지 모릅니다!"

"AI 때문에 인류가 멸종할 수도 있습니다!"

피터의 동료인 AI 전문가들 사이에서도 의견이 팽팽히 갈리나 봐.

"AI 개발을 중단해야 한다, 중단하지 말아야 한다. 연구자들도 의견이 첨예하게 갈리고 있어요. 이런 상황에서 '세계 AI 회의'에 참석해 달라는 요청을 받았지 뭡니까? 회의에서 AI 개발을 중단할지 여부를 논의한대요."

피터는 AI 개발 중단에 대해 찬성과 반대 중 어느 쪽에 투표해야 할지 몰라 매우 괴로웠어. 그러던 중에 '아무거나 상담소'의 간판을 발견한 거야.

"저는 어느 쪽으로 표를 던져야 할까요?"

잠시 고민하던 밤비는 피터의 손을 이끌고 상담소 문을 나섰어.

"이렇게 고민만 하기보다는 다양한 사람들을 만나 이야기를 들어 보는 게 훨씬 도움이 될 거예요! AI 개발 중단을 찬성하는 쪽과 반대하는 쪽, 모두를 만나서 이야기를 들어 봐요!"

잠시 망설이던 피터가 고개를 끄덕이자 밤비가 로보킹에게 말했어.

"로보킴! AI 개발 중단을 찬성하는 사람들을 찾아 줘."

"알겠습니다! 데이터 분석 중! 데이터 분석 중!"

잠시 뒤 로보킹은 데이터를 분석한 결과를 확인하고는 그쪽으로 밤비와 피터를 안내했어.

그들이 도착한 곳은 한 화가의 작업실이었어. 작업실의 문을 열고 들어서자 독특한 냄새가 물씬 풍겼지.

"대체 이게 무슨 냄새지?"

"기름 냄새 같아요."

밤비와 피터가 코를 킁킁거리고 있는데 누군가의 목소리가 들렸어.

"아마 유화 물감 냄새일 거예요. 유화 물감에서는 기름 냄새가 나거든요."

밤비와 피터가 소리 난 쪽을 보니 이 작업실의 주인이 서 있었어. 그는 물감이 얼룩덜룩 묻은 앞치마를 입은 채, 자신을 유화 그림 화가라고 소개했지. 밤비는 어디선가 그 화가를 본 적이 있는 것 같았어. 하지만 도대체 어디서 봤는지 떠오를 듯 말 듯 좀처럼 생각나지 않았지.

"아, 어디서 봤더라?"

얼마 지나지 않아 밤비는 화가를 본 기억이 떠올랐어.

"기억났어! 혹시 뉴스에 나온 분 아닌가요?"

화가는 밤비를 향해 고개를 끄덕였어.

"맞아요. 저는 AI를 상대로 재판을 요구해서 사람들에게 꽤 화제가 되었거든요."

어쩌다 재판을 요구했냐고 피터가 묻자 화가는 AI가 자신의 그림을 모방했기 때문이라고 답했어.

"화가들은 저마다 자기만의 스타일이 있어요. 그걸 바로 화풍이라고 하죠. 그런데 생성형 AI가 저에게 동의도 받지 않고 제 화풍을 똑같이 흉내 낸 거예요. 처음 그 그림을 봤을 때는 정말 하늘이 무너지는 기분이었어요. 너무나 참담했죠."

밤비는 의아했어.

"생성형 AI가 갑자기 화가님의 스타일대로 그림을 그릴 수 있게 된 건가요?"

그러자 화가가 고개를 가로저었어.

"그건 생성형 AI 기업들이 저의 실제 작품으로 생성형 AI를 학습시켰기 때문이에요."

이를 듣고 있던 피터가 설명을 보탰어. 그림을 그리는 AI를 만들려면 먼저 AI에게 그림에 대한 정보를 공부시켜야 한대. 그런데 이때 실제 작품을 가지고 AI를 훈련시킨다는 거야. 문제는 그 작품을 그린 원작자들의 동의를 받지 않았다는 거지.

"이건 명백히 예술가의 권리를 침해하는 행위예요. 그런데 AI 기업들은 AI 프로그램이 예술가의 작품을 극히 일부만 이용해 새로운 작품을 만드는 거라고 주장해요. 하지만 그 일부를 만들기 위해 예술가들은 짧게는 몇 년, 길게는 평생에 걸쳐 피땀을 흘린다고요."

화가는 AI의 저작권 문제가 완벽히 해결되기 전까지는 AI 개발을 중단해야 한다고 주장했어.

"정확한 규제가 마련되기 전까지는 AI 개발을 일단 중단해야 해요. 그렇지 않으면 피해를 입는 창작자들이 더욱 많아질 거예요."

화가의 이야기를 모두 듣고 작업실을 나서며 피터가 말했어.

"아무래도 AI 개발을 중단하는 쪽에 투표하는 게 맞을 것 같아요."

밤비는 피터에게 다른 사람들의 의견을 좀 더 들어 보자고 말했지.

로보킹이 다음으로 안내한 곳은 병원이었어. 그곳에서 밤비와 피터는 한 환자를 만났어. 얼마 전에 목숨을 잃을 뻔했다는 환자의 말에 두 사람은 깜짝 놀랐어.

"목숨을 잃을 뻔하다니요?"

환자는 얼마 전에 우연히 건강 검진을 받았다가 암을 발견했다며 쓴웃음을 지었어.

"제가 암에 걸렸을 줄 누가 알았겠어요? 아직 나이도 젊고 몸도 매우 튼튼한 편이라 암에 걸렸을 거라고 상상조차 못했거든요. 그런데 제 몸에서 암을 발견한 게 누구인지 아세요?"

피터가 당연히 의사가 아니냐고 말하자 환자는 고개를 저었어.

"제 암을 발견한 건 AI예요."

의외의 대답에 밤비와 피터는 매우 놀랐어.

"너무 초기라서 의사도 엑스레이 사진에서 암을 미처 발견하지 못한 모양이에요. 그런데 의료 AI가 발견한 거죠."

AI 덕분에 병을 일찍 치료할 수 있었다는 환자의 말에 두 사람은 가슴을 쓸어내렸어.

"병은 빨리 발견할수록 치료가 쉬워요. 특히나 암은 빨리 발견하느냐 늦게 발견하느냐에 따라 생존율이 매우 크게 차이 나죠. 적게는 몇 배, 많게는 수십 배나요."

환자는 만약 AI 기술이 아니었다면 오늘 이렇게 대화할 수도 없었을 거라며 AI 개발을 멈춰서는 안 된다고 말했어.

"AI가 앞으로 얼마나 더

많은 생명을 구할지 알 수 없어요. 적어도 수천 명 아니, 수만 명의 목숨을 더 구할 걸요?"

밤비는 말이 없어진 피터의 얼굴을 유심히 살폈어. 피터는 생각에 잠겨 있다 말을 꺼냈어.

"이 세상에서 생명보다 소중한 일이 있을까요? AI가 일으키는 문제가 아직 많은 게 사실이지만…… 그래도 AI 개발이 중단되어서는 안 될 것 같아요."

그러나 얼마 지나지 않아 피터의 결심은 또다시 흔들렸어. AI 때문에 개인 정보가 유출된 피해자를 만났기 때문이야.

"유명한 챗봇이 다른 사람과 대화한 내용을 봤는데 거기에 제 정보가 다 나오더라고요."

피해자가 보여 준 사진에는 대화형 챗봇이 한 이용자와 나눈 일상적인 대화가 담겨 있었어. 처음에는 그저 평범한 대화처럼 보였어.

하지만 갑자기 이용자가 챗봇에게 사는 곳이 어딘지, 계좌 번호는 무엇인지 꼬치꼬치 캐묻기 시작했어. 그러자 챗봇은 끈질긴 요구에 못 이겨 결국 주소와 계좌 번호를 알려 줬지.

"문제는 챗봇이 알려 준 정보가 실제로 제가 사는 주소이고, 제가 사용하는 계좌 번호라는 거예요."

피해자는 평소 자주 사용하던 SNS에서 대화 내용이 유출된 것 같다고 추측했어. 예전에 SNS로 친구와 대화하다가 이 주소와 계좌 번호를 알려 준 적이 있었대. 피해자는 누군가 유출된 자신의 개인 정보를 범죄에 사용하기라도 할까 봐 두려워했어.

피터는 안타까운 목소리로 왜 그런 문제가 생겼는지 설명했어.

"챗봇 같은 대화형 AI는 SNS나 온라인에서 실제로 사람들이 나눈 대화 내용을 수집해서 대화하는 방법을 학습하죠. 그 과정에서 수집된 대화에 있는 개인 정보를 말해 버리는 오류가 종종 일어나요."

피해자는 현재 그 챗봇은 개인 정보를 유출한 문제 때문에 서비스가 종료되었다고 했어.

"하지만 제 개인 정보는 이미 인터넷에 다 퍼진 상태죠. 한 번 인터넷에 퍼진 정보는 결코 다시 주워 담을 수 없어요."

피해자는 AI를 통제할 방법을 모른다면 일단 개발을 중단해야 한다고 주장했어. 엄청난 속도로 발전하는 AI가 더 큰 피해를 일으키기 전에 안전장치부터 만들어야 한다는 거지.

피해자와 헤어지고 나서 피터는 다시 한 번 고민에 빠졌어. 그런데 이때 로보킹의 통신 시스템에 뜻밖의 연락이 도착했어. 피터가 AI 개발 중단에 대해 다양한 의견을 들으러 다닌다는 소식을 듣고 누군가가 피터를 만나고 싶다고 연락한 거야.

로보킹과 함께 밤비와 피터가 도착한 곳은 한 AI 연구실이었어. 그곳에서 오랫동안 AI 연구에 몸을 담은 교수를 만났지. 교수는 피터에게 하고 싶은 말을 꺼냈어.

"저는 AI 개발을 중단해서는 안 된다고 생각합니다."

교수는 AI 개발을 중단하는 것이 오히려 안전한 AI를 개발하는 시간을 빼앗는 계기가 될 거라고 걱정했어.

"자동차가 발명되지 않았다면 안전벨트를 어떻게 만들어야 할지 몰랐을 겁니다. 비행기가 없었다면 안전한 제트 엔진을 어떻게 만들지 알지 못했을 거고요."

지금은 편리하게 이용하는 자동차와 비행기도 처음에는 모두 위험하다고 생각했대. 하지만 자동차와 비행기를 어떻게 하면 안전하게 이용할 수 있을까 끊임없이 고민한 결과, 안전한 결과물을 만들어 낼 수 있게 된 거라고 교수는 말했지.

"위험하다는 이유로 자동차와 비행기를 없애 버렸다면 인간은 아직까지 마차나 끌고 다니고 있을 겁니다."

교수는 AI의 개발을 계속해 나가면서 알맞은 규제 방법을 찾아야 한다고 주장했어. 교수의 말을 듣자 피터의 고민은 한층 깊어졌어.

결국 결론을 내리지 못한 채, 교수의 연구실을 나서야 했지. 어느새 '세계 AI 회의'에 참석하기 위해 떠나야 할 시간이 된 거야.

밤비와 로보킹은 공항까지 가서 피터를 배웅하기로 했어. 피터는 고민만큼이나 무거운 캐리어를 들고 밤비와 로보킹에 아쉬운 작별 인사를 고했지.

"결정은 내리셨어요?"

밤비가 묻자 잠시 망설이던 피터는 고개를 저었어.

"아직요. 하지만 비행기 안에서 결정을 내릴 생각입니다. 밤비 씨의 조언대로 많은 사람들을 만나 보길 잘한 것 같아요. 덕분에 현명한 결정을 내릴 수 있을 것 같아요."

'아무거나 상담소'의 첫 손님인 피터가 큰 도움이 되었다고 말하자 밤비는 매우 기뻤어. 비행기를 타기 위해 들어가는 피터의 뒷모습을 보며 밤비는 로보킹에게 물었어.

"피터는 어떤 선택을 할까?"

잠시 고민하던 로보킹이 당당하게 대답했어.

"찬성일 확률 50% 그리고 반대일 확률 50%라고 생각합니다!"

밤비도 웃으며 고개를 끄덕였어. 과연 피터가 어떤 선택을 할지 알 수 없지만 밤비는 피터의 결정을 응원하기로 했어. 찬성과 반대, 어느 쪽이든 피터가 치열하게 고민하고 내린 선택일 테니까 말이야.

AI 시대를 살아갈 우리는 무엇을 준비해야 할까?

 AI의 개발에 대한 논란은 지금도 진행 중이야

    2023년 3월, 세계적인 AI 전문가들이 세상을 놀라게 한 성명문을 발표했어.

    "인공지능 시스템의 개발을 6개월간 중단해야 합니다!"

    이 성명문은 AI 기업들이 치열하게 경쟁하며 엄청난 속도로 발전시키는 AI가 앞으로 더 큰 문제를 가져올 수 있다는 점을 경고했어. 그래서 AI 시스템의 위험을 인간이 관리할 수 있을 거라는 확신이 있을 때 개발해야 한다고 주장했지. 이 뜻에 함께하는 의미로 1000여 명의 유명 인사들이 서명을 했어. 그들은 미국의 전기차 기업 테슬라의 경영자 일론 머스크, 애플의 창업자 스티브 워즈니악, 세계적인 베스트셀러 작가 유발 하라리까지 내로라하는 사람들이었지.

하지만 곧장 이들의 주장에 반발하는 사람들도 나타났어. 마이크로소프트의 창업자이자 세상에서 가장 유명한 IT 리더, 빌 게이츠는 결코 AI 개발을 중단해서는 안 된다고 우려했어.

"AI는 인터넷이나 핸드폰처럼 세상을 바꿀 혁신적인 기술입니다. AI 개발을 중단한다고 해서 AI가 일으킨 문제가 해결되지는 않습니

다. 우리가 지금 해야 할 일은 문제를 파악하고 해결하는 것이지, 개발 중단이 아닙니다."

이처럼 AI 개발을 두고 세계적인 IT 리더들이 찬반 논쟁을 벌이고 있어. AI 개발을 중단해야 한다는 쪽과 개발을 이어 나가야 한다는 쪽이 팽팽하게 맞서는 상황이지.

이런 논쟁이 벌어지는 이유는 대체 뭘까? AI에 대한 규제가 제대로 마련되지 않은 상황에서 AI를 널리 쓰면 어떤 영향을 끼칠지 저마다 다르게 예상하기 때문이야. 무분별하게 AI를 개발하면 결국 인류의 미래에 위협이 될 거라는 측과 AI가 일상과 업무 효율성을 매우 높여 줄 좋은 도구가 될 것이라는 측으로 나뉘고 있지. 아직도 해결되지 않은 문제점들이 있어서 당분간 논란이 계속될 전망이야.

생성형 AI가 앞으로 해결해야 할 문제들은 무엇일까?

저작권 문제

저작권 문제는 AI의 업계에서 매우 심각한 문제야. 저작권이란 창작물을 만든 사람의 노력과 가치를 인정해 보호받을 수 있도록 만든 권리야. 우리가 글, 그림, 사진, 노래, 동영상 같은 창작물을 이용할 때, 반드시 창작물을 만든 사람의 허락을 받도록 법으로 보호하는 거지. 만약 창작자의 허락 없이 작품을 이용하면 저작권 침해로 처벌받을 수 있어.

그런데 AI를 통해 누구나 쉽게 창작물을 만들 수 있게 되면서 AI를 이용해 만든 작품의 저작권이 누구 것인지가 최근 뜨거운 논쟁 거리로 떠올랐어.

창작자들은 AI가 실제 작품들을 참고해 학습한 뒤, 창작물을 만든 것이기 때문에 창작자들의 권리를 무단으로 침해했다고 주장해. 반면 AI 기업들은 실제 작품으로 학습을 했더라도 AI가 새롭게 만든 창작물이니 창작자들의 저작권을 침해하지 않았다고 주장하지.

양측의 팽팽한 대립은 결국 소송으로 이어지고 있어. 사진 AI를 만든 '미드저니'와 '스태빌리티 AI'는 일러스트레이터, 화가, 사진작가들에게 소송을 당했지. 현재로서는 인공지능의 저작권에 관련된 규제나 법률이 명확하지 않아 이 문제에 대한 법적 공방은 계속될 것으로 보여.

개인 정보 유출 문제

생성형 AI가 개인 정보를 유출하는 문제도 큰 사회 문제로 떠오르고 있어. 특히 챗GPT가 개인 정보를 유출한 사건은 사람들에게 큰 충격을 안겼어.

2023년 3월, 오픈 AI는 챗GPT의 유료 버전인 '챗GPT 플러스' 서비스에서 개인 정보가 유출되었다는 걸 공식적으로 인정했어. 서비스에 접속한 이용자의 정보가 다른 이용자에게 보이는 오류가 일어난 거야. 노출된 정보에는 이름, 이메일, 신용카드 번호 4자리 등이 있었어.

오픈 AI는 일시적인 오류로 생긴 일이라고 즉각 사과했지만 사람들의 반응은 싸늘했어. 개인 정보 유출 문제가 그렇지 않아도 심각한데 생성형 AI까지 합세하자 불안감이 더욱 커졌거든. 직원들에게 챗

GPT를 아예 쓰지 말라고 당부하는 회사들도 늘어났지. 챗GPT를 사용했다가 혹시나 회사의 중요한 정보가 유출될까 걱정한 거야.

2021년, 국내에서 공개된 AI 챗봇 '이루다'도 개인 정보를 유출하는 사고가 있었어. 이루다는 AI라고는 믿기지 않을 만큼 자연스러운 말투로 큰 인기를 끌었어. 진짜 사람 같은 말투를 만들기 위해 개발자들은 실제 사람들의 카카오톡 대화를 수집해서 이루다에게 대화하는 법을 학습시켰다고 해. 그런데 이루다가 세상에 공개되고 나서 사람들과 대화하다가 자신이 학습한 데이터에 있던 실제 사람의 이름, 전화번호, 주소를 알려 준 거야. 게다가 다른 문제점들까지 연달아 일어나면서 결국 세상에 공개된 지 21일 만에 서비스를 종료할 수밖에 없었지.

범죄 문제

누구나 쉽게 생성형 AI를 사용할 수 있게 되면서 전문적인 지식이 없는 사람도 보이스피싱, 해킹, 딥페이크 범죄를 저지를 수 있게 됐어. 그중 딥페이크(Deepfake)는 최근 가장 심각한 범죄로 떠오르고 있어.

딥페이크란 인공지능으로 가짜 사진, 가짜 영상을 만드는 합성 기술이야. 예전에는 사진이나 영상을 합성하면 매우 부자연스럽고 티가 났기 때문에 사람들을 쉽게 속일 수 없었어. 그런데 AI 기술이 엄청나게 발전하며 이젠 스마트폰 앱 하나만 있으면 누구나 전문가 수준으로 영상이나 사진을 만들 수 있어.

그 결과, 딥페이크를 나쁘게 활용하는 일이 늘어나며 디지털 성범죄가 전 세계적으로 퍼지고 있어. 음란물에 다른 사람의 얼굴을 합성해 진짜처럼 믿게 만드는 새로운 범죄가 나타난 거야. 유명인뿐만 아니라 일반 여성들까지 이러한 범죄의 피해자가 되고 있지.

딥페이크는 가짜를 진짜 사실처럼 믿게 만들기 때문에 피해자들의 고통이 매우 커. 이 때문에 미국과 유럽 같은 나라들은 딥페이크를 적극적으로 규제하기 위해 나섰어. AI 기업들도 발 빠르게 딥페이크 영상을 구별해 내는 AI를 내놓고 있지. 하지만 딥페이크가 퍼지는 속도가 너무 빨라 이를 따라잡지 못하고 있다는 지적이 나와.

디지털 격차 문제

생성형 AI가 나오면서 많은 사람들은 정보 격차가 줄어들 거라고 기대했어. 정보 격차란 지식과 정보를 쌓는 것이 평등하게 이루어지지 않아서 사람들 사이에 차이가 벌어지는 것을 뜻해. 지식과 정보, 교육 서비스를 받기 위해 돈을 내야 한다면 모두가 지식과 정보를 똑같이 얻지는 못할 거야. 아마 돈이 많은 사람들이 더 많은 정보와 지식을 얻게 되겠지.

그런데 생성형 AI는 컴퓨터만 있으면 누구나 쉽게 사용할 수 있어. 그래서 지식과 정보를 얻을 기회가 공평하게 나누어질 거라고 예상한 거야. 생성형 AI만 있으면 돈을 들이지 않고 모르는 외국어를 배울 수도 있고, 전문가들만 아는 고급 정보도 쉽게 얻을 수 있으니 말이야.

하지만 최근에는 생성형 AI가 오히려 정보 격차를 더욱 심하게 만들 거라고 예측해. 특히 디지털 기술을 제대로 활용하느냐, 못하냐에 따라 사람들 사이에 '디지털 격차'가 더 심해질 거라고 예상하지.

생성형 AI 같은 디지털 기술을 이용하려면 컴퓨터나 스마트폰 같은 디지털 기기가 반드시 필요해. 또한 디지털 기기를 익숙하게 사용하는 경험과 지식도 필요하지. 디지털 기술을 잘 활용하는 사람들은 점

　점 더 편리해지고 지식도 빠르게 늘어나는 반면 그렇지 못한 사람들은 더욱 불편한 상황이 되는 거야. 상대적으로 인터넷이나 컴퓨터 사용이 미숙한 고령층과 저소득층이 소외되는 거지.

　실제로 패스트푸드점에 키오스크가 생기자 아예 주문조차 하지 못하고 돌아가는 노인들이 많아졌어. 기계 사용이 익숙하지 않은 노인들에게는 이젠 주문 한 번 하는 것조차 어려운 시대가 된 거야. 정부는 이러한 디지털 격차를 줄이기 위해 디지털 정보에 소외되는 계층을 대상으로 키오스크 사용, 모바일 예매, 디지털 금융 같은 IT 교육을 하고 있어. 하지만 아직 해결해야 할 점이 훨씬 더 많아.

AI가 지닌 문제를 보완하기 위한 노력들

인간에게 편리함만 가져다줄 거라 믿었던 AI가 예상치 못했던 문제들을 일으키자 세계 곳곳에서는 AI를 규제해야 한다는 목소리가 높아졌어.

2017년 1월 미국 캘리포니아주 아실로마에서 개발자, 과학자, 경영자 등 저명한 AI 관계자들이 모인 '이로운 인공지능 회의'가 열렸어. 그곳에 모인 사람들은 미래 인공지능 연구에 관한 원칙을 정했어. 이 원칙에는 AI의 잠재된 위험을 경계하고 세계 개발자들이 인류의 혜택을 위해 협력해야 한다는 내용 등이 담겼어. 물리학자 스티븐 호킹, 테슬라의 경영자 일론 머스크 등 총 2,000명의 명사들이 지지 서명을 남긴 이 원칙을 바로 '아실로마 AI 원칙'이라고 해.

각 나라들도 AI 규제에 대한 조치를 취하고 있어. 2024년 3월, 독일·이탈리아·프랑스가 속한 유럽연합(EU)은 세계 최초로 AI 기술 규제법을 통과시켰어. 얼마나 위험한지에 따라 AI를 4가지로 구분한 뒤, 서로 다른 규칙을 적용한다는 내용이야. 이 법은 유럽에서 만들었기 때문에 유럽 지역의 AI에만 적용될 거야. 하지만 최초의 AI 규제

법이라는 점에서 앞으로 AI 규제법을 만들려는 나라들에게 중요한 기준이 될 전망이야.

우리나라의 경우, 2023년 5월 과학기술정보통신부가 AI와 관련해 '인공지능 기본법'을 마련하겠다고 밝혔어. 국내의 AI 산업을 발전시키기 위한 전략을 세우고 AI가 일으키는 부작용에 대한 대비책에 관련된 내용이지. 이 외에도 AI와 관련된 다양한 법안들이 국회에서 통과되기를 기다리고 있어.

 미래에는 어떤 능력이 중요해질까?

인공지능은 이미 우리의 일상에 깊이 들어와 있어. 의료, 자동차, 금융부터 예술까지 인공지능이 활용되지 않는 분야가 없을 정도야. 이제 인공지능은 스스로 글을 쓰고 그림을 그리며 영화도 만들 수 있어. 심지어 세상을 떠난 가수의 얼굴과 목소리를 복원하여 새로운 무대를 만드는 것까지 가능해.

앞으로 우리는 AI와 함께 살아가며 AI의 놀라운 능력을 지켜보게 될 거야. 미래 AI 시대에 우리는 어떤 능력이 중요해질까?

소통(communication)

AI의 발전에도 여전히 살아남을 거라 예측되는 직업을 보며 우리는 해답을 얻을 수 있어. 전문가들은 미래에 레크리에이션 치료사, 안무가, 상담사, 심리학자 등의 직업들이 살아남을 거라고 예상해. 이 직업들의 공통점은 사람과 소통을 많이 하는 직업이라는 거야. 다정하게 눈을 맞추고 대화를 하며 상대의 마음을 따뜻하게 어루만지는 건 사람만 할 수 있는 고유의 영역이거든. 그래서 사람과 소통하는 능력은 미래에도 여전히 가치 있는 일로 여겨질 거야. 이 때문에 소통하는 능력은 지금도, 앞으로도 중요할 거야.

창의성(creativity)

AI는 정해진 원칙에 따라 행동하거나 해결책을 찾는 일에 매우 뛰어나. 반면 스스로 호기심을 갖고 창의적으로 대처하는 건 어려워해. 바둑이나 체스에서 인간을 손쉽게 이기고 복잡한 계산은 척척 풀면서 낯선 장소에서 커피를 알아서 끓이라고 하면 잘 못하는 거지. AI가 가장 마지막으로 터득할 능력으로 '질문하기'를 꼽는 것도 이와 같은 이유야. 호기심을 바탕으로 스스로 생각하는 창의성이야말로 AI가 쉽게 따라 할 수 없는 인간의 가장 뛰어난 능력이야. 이 때문에 창의력은 점점 더 중요한 능력이 될 거야.

비판적 사고(critical thinking)

어떤 기술이나 장점과 단점을 함께 지니듯 AI 기술 역시 마찬가지야. 인간에게 편리함을 선사한 대신 가짜 뉴스, AI 범죄 같은 문제점도 미래에는 더 늘어날 거야. 인터넷 중독, 가상 현실 중독에 빠지는 사람 역시 지금보다 더 많아지겠지. 마치 인터넷이 발명되면서 편리함과 함께 사이버 범죄라는 어두운 그림자가 따라온 것처럼 말이야. 이 때문에 비판적으로 사고하는 능력은 앞으로 더 필요해질 거야. AI가 지닌 편리함을 슬기롭게 사용하고 진짜로 필요한 정보만 현명하게 가려내는 능력이 더욱더 주목받을 거야.

협업(collaboration)

AI 기술이 발전하면서 이제는 누구나 전문가 수준의 지식을 손쉽게 얻는 시대가 됐어. 미래에는 어떤 분야든 관심만 있다면 누구나 쉽게 공부하고 지식을 쌓을 수 있을 거야. 이것을 자신이 잘 아는 분야에 접목하는 일 역시 쉬워지겠지. 서로 다른 분야끼리 함께 일해서 새로운 가치를 탄생시키는 융합의 시대가 올 거야. 이미 예술과 전자 기술을 접목한 그림 AI, 과학과 자동차 기술을 접목해 만든 자율 주행 AI를 만들어 낸 것처럼 말이야. 이 때문에 다른 사람들과 힘을 합치고 아이디어를 원활하게 주고받는 능력 역시 매우 중요해질 거야.

   지금까지 살펴본 소통, 창의성, 비판적 사고, 협업 이 네 가지 능력을 '4C'라고도 불러. 네 단어를 영어로 바꾸면 첫 알파벳이 모두 C로 시작해서 4C라 줄여 부르는 거야. 4C와 더불어 미래에는 AI 기술을 현명하게 사용하는 책임감, 안전하게 AI 기술을 사용하는 디지털 보안 능력 역시 매우 중요해질 거야.

AI 시대를 살아갈 우리는 어떤 마음가짐을 지녀야 할까?

사람들이 컴퓨터를 막 사용하기 시작했을 때, 컴퓨터 옆에 늘 수학을 잘하는 직원들이 있었다는 거 알고 있니? 혹시나 컴퓨터의 계산이 틀렸을까 봐 수학을 잘하는 사람이 직접 계산을 해서 답을 확인하는 과정을 거쳤어. 컴퓨터의 능력을 완전히 믿지 못해 벌어진 일이었지. 하지만 그 이후로 컴퓨터 기술은 수많은 발전을 했고 이제는 누구도 컴퓨터의 계산 능력을 의심하지 않아. 어쩌면 생성형 AI 역시 지금 이러한 과정을 밟고 있는지도 몰라. 생성형 AI는 분명히 아직 보완해야 할 점이 많아. 개발 초기 단계라 실수도 많고 해결해야 할 문제점들도 쌓여 있지. 하지만 확실한 건 시간이 지날수록 더 정교하고 똑똑하게 발전할 거라는 거야. 마치 컴퓨터처럼 말이지.

세계적인 AI 기업들은 매일매일 치열한 기술 전쟁을 치르고 있어. 자고 일어나면 새로운 기술이 나온다고 해도 과언이 아니지. 이 때문에 AI는 앞으로 무궁무진한 발전을 이룰 거야. 지금보다 훨씬 더 많은 영역에서 사람의 일상에 영향을 끼치겠지. AI가 가져올 변화는 거스를 수 없는 파도인 거야.

우리는 AI가 가져올 거대한 파도를 역행하기보다는 마치 파도를 자유롭게 서핑하는 서퍼들처럼 어떻게 하면 파도에 몸을 잘 맡길 수 있을까 고민해야 돼. 그러려면 무엇보다 우리 스스로 AI에 대해 잘 알아야 해. 새로운 기술을 받아들이고 시도해 보려는 열린 마음 역시 중요하지. AI 기술이 가져올 미래에 대한 호기심을 잃지 않고 지속적인 관심을 보인다면, 우리는 더 이상 AI와 함께 살아갈 미래가 두렵지 않고 오히려 기대하게 될 거야.

관련교과

3학년 1학기 사회	3. 교통과 통신 수단의 변화

4학년 2학기 사회	3. 사회 변화와 문화의 다양성

5학년 1학기 국어	9. 여러 가지 방법으로 읽어요
5학년 도덕	4. 밝고 건전한 사이버 생활
5학년 도덕	우리가 만드는 도덕 수업 2. 다 같이 행복한 우리들 세상
5학년 실과(미래엔)	6. 생활과 정보

6학년 1학기 국어	책을 읽고 생각을 넓혀요
6학년 1학기 국어	3. 짜임새 있게 구성해요
6학년 1학기 국어	4. 주장과 근거를 판단해요
6학년 1학기 국어	6. 내용을 추론해요

공부가 되고 상식이 되는! **시리즈 ❶**

신 나는 법 공부!

변호사 선생님이 들려주는
흥미진진한 법 지식과 리걸 마인드 키우기!

장보람 지음, 박선하 그림 | 168면 | 값 11,000원

국어, 사회, 과학, 기술, 도덕, 경제까지
교과목 공부가 되고
세상의 눈을 키우는
상식도 쌓아주는

사회과학 동화 시리즈

공부가 되고 상식이 되는! 시리즈 ❷

미래를 살리는
착한 소비 이야기

친환경 농산물, 동네 가게와 지역 경제,
대량생산vs동물복지, 저가상품vs공정상품

한화주 지음, 박선하 그림 | 148면 | 값 11,000원

공부가 되고 상식이 되는! 시리즈 ❸

적금은 뭐고 펀드는 뭐야?

동화로 보는 어린이 금융경제 교육의 모든 것!

김경선 지음, 박선하 그림 | 120면 | 값 11,000원

공부가 되고 상식이 되는! 시리즈 ❹

미래를 이끄는 어린이를 위한
소셜 미디어 이야기

1인 미디어, 실시간 정보검색, 온라인 인간관
계 길잡이, 올바른 SNS 사용규칙

한현주 지음, 박선하 그림 | 152면 | 값 11,000원

공부가 되고 상식이 되는! 시리즈 ❺

어린이를 위한
인공지능과 4차 산업혁명 이야기

과학 기술과 데이터, 로봇과 공존하는 인공지능 시대
를 살아갈 어린이 친구들을 위한 과학 동화

김상현 지음, 박선하 그림 | 163면 | 값 12,000원

공부가 되고 상식이 되는! 시리즈 ❻

어린이를 위한
따뜻한 과학, 적정 기술

어린이를 위한 "따뜻한 기술과 윤리적인 과학"
에 대한 흥미롭고도 실천적인 이야기!

이아연 지음, 박선하 그림 | 160면 | 값 12,000원

공부가 되고 상식이 되는! 시리즈 ❼

미래를 위한 따뜻한 실천,
업사이클링

버려진 물건에게 새 삶을 주는
따뜻한 실천에 대한 흥미진진한 이야기!

박선희 지음, 박선하 그림, 강병길 감수 | 144면 | 값 12,000원

공부가 되고 상식이 되는! 시리즈 ❽

어린이를 위한
동물 복지 이야기

동물과 함께 행복해지기 위한 윤리적인 선택,
그에 대한 흥미롭고도 실천적인 이야기!

한화주 지음, 박선하 그림 | 166면 | 값 12,000원

공부가 되고 상식이 되는! 시리즈 ❾

지구와 생명을 지키는
미래 에너지 이야기

"행복하고 안전한 미래를 맞이하려면
에너지 문제를 반드시 해결해야 해요!"

정유리 지음, 박선하 그림 | 162면 | 값 12,000원

공부가 되고 상식이 되는! 시리즈 ❿

생명을 위협하는 공기 쓰레기,
미세먼지 이야기

"왜 미세먼지는 나아지지 않고
점점 심해지는 걸까?"

박선희 지음, 박선하 그림 | 160면 | 값 12,000원

공부가 되고 상식이 되는! 시리즈 ⓫

어린이를 위한
4차 산업혁명 직업 탐험대

"달라진 일의 미래, 나는 어떤 일을 하게 될까?"

김상현 지음, 박선하 그림 | 167면 | 값 12,000원

공부가 되고 상식이 되는! 시리즈 ⑫

어린이가 알아야 할
가짜 뉴스와 미디어 리터러시

"뉴스는 무조건 믿어도 되는 걸까요?"

채화영 지음, 박선하 그림 | 144면 | 값 12,000원

공부가 되고 상식이 되는! 시리즈 ⑬

지구가 보내는 위험한 신호,
아픈 바다 이야기

"지속 가능한 바다를 위해
우리는 어떤 일을 할 수 있을까?"

박선희 지음, 박선하 그림 | 161면 | 값 12,000원

공부가 되고 상식이 되는! 시리즈 ⑭

어린이를 위한 미래 과학,
빅데이터 이야기

"이제 분야를 막론하고 미래 세상을 이끌어갈
사람들은 모두 빅데이터를 알아야만 해!"

천윤정 지음, 박선하 그림 | 159면 | 값 12,000원

공부가 되고 상식이 되는! 시리즈 ⑮

세상을 따뜻하게 만드는
착한 디자인 이야기

좋은 디자인은 그 자체로
세상을 바꾸는 발명이 된다!

정유리 지음, 박선하 그림 | 155면 | 값 12,000원

공부가 되고 상식이 되는! 시리즈 ⑯

지구와 미래를 위협하는
우주 쓰레기 이야기

"우주 과학이 발전하는 만큼
우주 쓰레기는 더 많아진다고?"

김상현 지음, 박선하 그림 | 136면 | 값 12,000원

공부가 되고 상식이 되는! 시리즈 ⑰

어린이를 위한
가상현실과 메타버스 이야기

"진짜보다 더 진짜 같은 가상 세상이 온다!"

천윤정 지음, 박선하 그림 | 152면 | 값 12,000원

공부가 되고 상식이 되는! 시리즈 ⑱

환경을 지키는
지속 가능한 패션 이야기

"옷 한 벌에 담긴 따뜻한 마음이야말로
세상을 아름답게 지켜 내!"

정유리 지음, 박선하 그림 | 152면 | 값 12,000원

공부가 되고 상식이 되는! 시리즈 ⑲

경제를 아는 어린이로 이끌어 주는
주식과 투자 이야기

"지구를 지키는 일만 하고 경제 공부는 처음인
전설의 히어로즈, 얼결에 주식회사를 세우다?"

김다해 지음, 박선하 그림 | 156면 | 값 12,000원

공부가 되고 상식이 되는! 시리즈 ⑳

어린이가 알아야 할
바이러스와 팬데믹 이야기

"눈에 보이지 않는 바이러스의 습격,
어떻게 막아야 할까?"

정유리 지음, 박선하 그림 | 131면 | 값 12,000원

공부가 되고 상식이 되는! 시리즈 ㉑

기후 위기 시대,
어린이를 위한 기후 난민 이야기

"도와주세요! 날씨가 우리 집을 빼앗았어요!"

박선희 지음, 박선하 그림 | 144면 | 값 13,000원

공부가 되고 상식이 되는! 시리즈 ㉒

디지털 미래의 어두운 그림자,
전자 쓰레기 이야기

"독성과 잠재력을 함께 지닌
'전자 쓰레기'의 모든 것!"

김지현 지음, 박선하 그림 | 116면 | 값 13,000원

공부가 되고 상식이 되는! 시리즈 ㉓

미래를 살아갈 어린이들이 꼭 알아야 할
민주주의와 선거

"선거일은 그냥 노는 날이고,
정치는 어른들이 하는 거 아닌가요?"

천윤정 지음, 박선하 그림 | 142면 | 값 13,000원

공부가 되고 상식이 되는! 시리즈 24

어린이가 알아야 할
식량 위기와 미래 식량 이야기

"우리의 밥상은 과연 언제까지 풍요로울 수 있을까?"

박하연 지음, 박선하 그림 | 104면 | 값 13,000원